スルーされない技術

放送作家
石田章洋
AKIHIRO ISHIDA

かんき出版

この本は
あなたの人生を
変える本です。

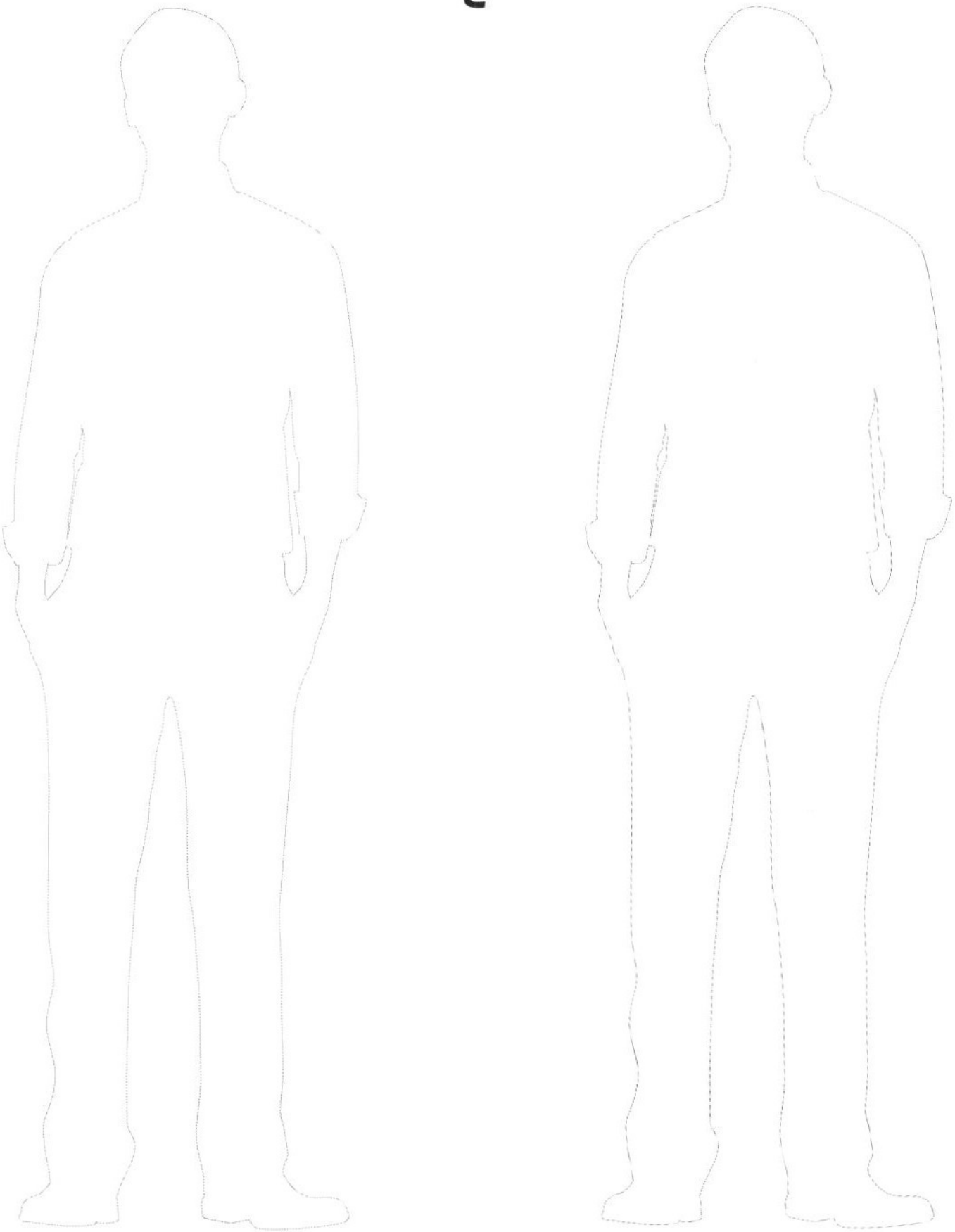

すみません。言い過ぎました。

でも、あなたの人生をより良くする本であることは間違いありません！


「スルーされない技術」を身につけることで、

「あっ、自分って世の中に必要とされているな」

という気持ちがわいてきます。


すると、**自分に自信がもてるようになるのです！**

この本では、私が30年近く
テレビ業界で
失敗と成功を繰り返しながら
体得したノウハウを、
すべて公開します。

さあ、一緒に
「スルーされない人生」を
体験しに行きましょう！

まえがき

「なんでリアクションがないの！」

「なんで返信が来ないんだろう！」

そう思った瞬間に、どうしようもない不安感に襲われる……。

あなたもこんな経験ありませんか？

この現象を、私は、

「スルーされるのが怖い症候群」

と名付けています。


スルーとは英語の〝through〟。

「ドライブスルー」のあの「スルー」。「～を通り抜けて」という意味で使われます。

人間関係でいえば、「気にしない」「無視する」こと。「スルーされる」とは、人に認めてもらえないことですから、これほど怖いことはありません。

ＬＩＮＥやツイッターなどで、たえず人とつながっていないとたちまち不安になる人たちにとって、「スルーされる」ことは、自分の存在を全否定されたも同然。「どうでもいい人間」ならまだしも、「いても、いなくてもいい人間」扱いされたことになり、これほどみなが恐れていることはないのです。

ＬＩＮＥが既読になっているのに返信がない「既読スルー」に不安を感じ、ブログやフェイスブックに記事を投稿しても「いいね！」が少ないと、「あ、オレ、世の中に必要とされていないんだ」「どうでもいい存在なんだ」と思い込み、更新をやめてしまう人も少なくありません。

この**「スルーされるのが怖い症候群」**は若者やネットコミュニケーションの世界だけでなく、ビジネスの場でもプライベートな人間関係の場でもよく起こります。

たとえばビジネスの場。いいアイディアだと思って企画書を提出しても上司のリアクションがない。懸命にプレゼンしたにもかかわらず、評価されるでも、ダメ出しされるでもない。会議で発言しても、「えー、ほかに意見は?」と先に進んでいかれてしまう……など。

プライベートでも同じです。カフェで友人たちと話していても、自分の意見に対するリアクションが薄い。共感が得られない。まだ話し終わっていないのに、誰かが「そういえばさあ」と話題を切り替えてしまう。

こうした、**「スルーされている感」**を味わうと、知っている人も味方もいないところに放り出されてしまったような不安な心境におちいってしまいます。もっと怖いのは自己重要感というべき自分自身の存在性、自信が失われていってしまうことです。

そうならないためには、

「スルーされない人になる」ことが唯一の解決策です。

スルーされない人とは?

「スルーされないコミュニケーション術を身につける」ことができた人、といえるでしょう。

「なぜ、スルーされてしまうのか」。

スルーされる理由の90％までは、伝え方に問題があります。スルーされてしまうのは、嫌われているわけでも、伝えようとする情報がつまらないわけでもありません。ほとんどの場合、ただ、伝え方が悪いのです。

では、どうすれば、スルーされることなく、いいたいこと、伝えたい思いを相手に伝えることができるのでしょうか。

それが、この本のテーマ。**本書では、「スルーされない伝え方」について、わかりやすく、すぐに役立つように書いていきます。**

私はテレビ番組の放送作家を30年近くやってきました。テレビ番組はドラマやニュースでなくても、必ず台本があり、原稿があります。早くいえば放送作家とはその台本や原稿を書く仕事です。

それ以前に、番組の企画や1回1回の構成内容についての提案も求められます。

「たとえば、こんな内容の番組はどうでしょう？　こんな切り口で展開してはどうでしょうか」と企画提案したとき、スルーされてしまったら、そこから先へは進めない。台本を書く段階へ進めません。

ですから、私たち放送作家は企画提出にしても、構成案を提案するときにしても、スルーされないように、万全の態勢でプレゼンしなくてはなりません。

台本を書くときもスルーされないことが最重要ポイントです。台本とは、いうならば番組の設計図。この台本がスルーされないもの、つまり、一瞬で視聴者の**「心をつかんで離さないもの」**でないと、テレビ番組は成立しません。

テレビは視聴率が命。リモコンのボタン1つで上がったり下がったりする数字を、最初の一瞬でつかんで、その後は決して落とさないよう、視聴者の心をつなぎとめていかなければなりません。

レギュラー番組なら、見終わったあと「面白かったので来週も見よう」と思ってもらわなければなりません。そうでないと視聴率は回を追うごとに右肩下がりとなり、やがて打ち切りとなってしまいます。

つまり、放送作家に求められるミッションは、

1・相手の心を一瞬でつかむ
2・つかんだら離さない
3・次回も観たいと思わせる

の3原則に集約されます。

見始め、見ている途中、見終わったあと。放送作家は番組の最初から最後、見終わったあとまで「スルー」されない工夫をし続ける仕事をしているといっても過言ではないでしょう。

放送作家の多くはフリーランサーです。私もフリーです。確実に「スルーされない」台本を書かなければ、つまり、この3つのミッションがクリアできないと、「アイツ、数字持ってないな」といわれてしまい、次から声はかけてもらえません。

スルーされない台本を書くことは、放送作家の生命線といえます。

30年近く、この仕事を続けているうちに、私は**「人の心をつかんで離さない＝スルーされない伝え方」にはさまざまなルールが存在することに気づきました。**

現在、レギュラー番組ではフジテレビ系の『情報プレゼンター・とくダネ!』『BSフジLIVE　プライムニュース』とTBS系の『世界ふしぎ発見!』を担当しており、間に「特番」を手掛けることもあるというように忙しく仕事を続けていられるのは、私なりに「スルーされない伝え方」を体得し、「スルーされない台本」を書いているからだと自負しています。

「スルーされない伝え方」の3つの原則は、ビジネスや日常生活でも応用できます。

このルールを知ってコミュニケーションすれば、明日から、いえ、いま、この瞬間から、あなたのコミュニケーション・スキルは大きく変わることでしょう。

そして、スルーされる不安感から抜け出し、会社でも、プライベートの場でも一目おかれるようになり、あるいは皆から愛される人気者になり、あなたの存在感はびっくりするほど大きなものになっていくでしょう。

何よりも自信が持てるようになり、不安感がなくなるので、1日1日が楽しいものに一転します。本書を読み進めていくと自然にわかっていただけるでしょうが、毎日が楽しくて自信がある人は決してスルーされることがなくなります。

こうして、**スルーされない→自信を持てる→いっそうスルーされない→……というプラスのスパイラル**ができあがり、しだいにあなたの存在感は堂々としたものになっていきます。

テレビ番組でいえば、高い視聴率を取り続けるロングヒット番組となっていくという流れです。

本書は以下のように構成されています。

第1章では、「スルーされる人」と「スルーされない人」の違いについて書いていきます。

第2章は「つかみの法則」。テレビ番組では命ともいえる大事なもの。仕事やふだんの人間関係でも「つかみ」はコミュニケーションの命です。

第3章は、「引き寄せのルール」。テレビ番組でいえば、せっかく見始めてもらえたのに、視聴者の心を引きつけておくことができず、CMタイムなどにチャンネルを切り替えるザッピングをされてしまう、といったことを起こさないための法則、具体的にいえば「より多くの人の心をとらえる、話のテクニック」を紹介します。

第4章は、相手の心に深く印象が残り、次回も会いたいと思ってもらえる「話の締めくくり方」。ビジネスやふだんの会話でいえば、「また会いたい」と思ってもらえるクロージング方法を披露します。

そして第5章では、前章までに紹介した要素を当てはめて、人の心をつかんで離さない話をするための「型」を紹介します。伝える目的ごとの「型」は、伝え方の黄金ルールともいえるもの。いわば「伝え型」です。この型どおりに話せば誰でも人の心をつかめるようになります。

第1章から読み始め、第5章を読み終えるころには、**スルーされないコミュニケーションのコツをしっかり身につけていただける**と確信しています。

そのコツを生かして、ビジネスに、プライベートに、豊かな人間関係をつくり、楽しく充実した毎日を過ごしていただけるようになれば、とてもうれしく思います。

スルーされない技術　【もくじ】

第2章　スルーされない〝つかみ〟のルール

第3章 つかんで“離さない”ためのルール

第5章　明日から使える〝伝え型〟

カバーデザイン　井上新八
カバー写真　アマナイメージズ
本文デザイン・DTP　佐藤千恵
編集協力　菅原佳子
素材提供：© and4me, ysk_hrsw_i, ˝Bitter˝, Rawpixel, renzo_lo - Fotolia.com,

【参照文献】
『天気の好い日は小説を書こう―ワセダ大学小説教室』三田誠広／集英社
『日本語のレトリック―文章表現の技法』瀬戸賢一／岩波書店
『らくごDE枝雀』桂 枝雀／筑摩書房
『クリエイティヴ脚本術』ジェームス・ボネット＝著　吉田俊太郎＝訳／フィルムアート社

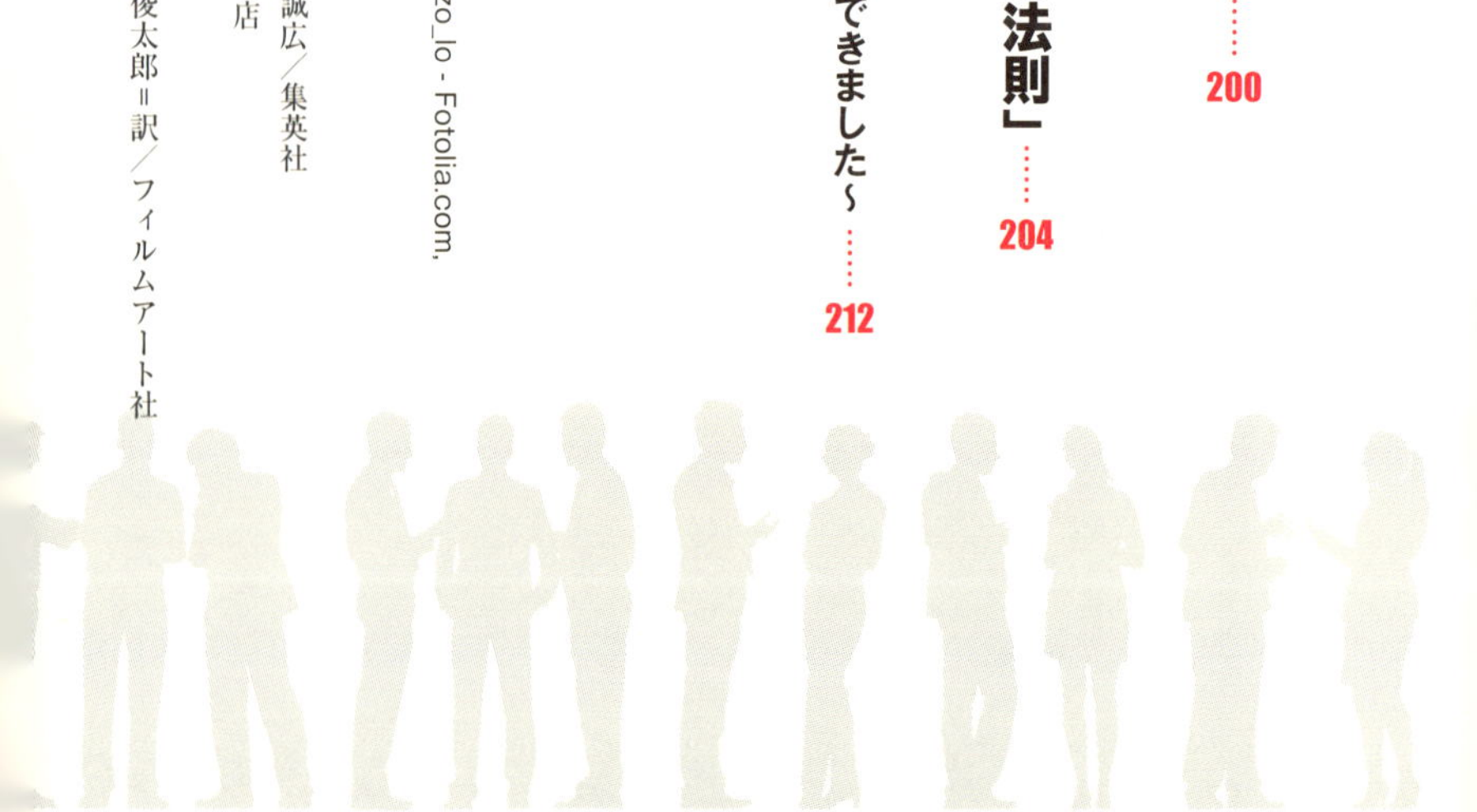

第1章

「スルーされる人」と「されない人」の違いとは？

次のチェックポイント、あなたに該当するものはありますか？

□伝わらないのは説明不足だからだと思っている
□他人に〝バカ〟だと思われたくない
□観た映画や読んだ本をつい批評しがちだ
□自分に〝劣等感〟を持っている
□自分自身の言葉にこだわっている
□お世辞が嫌いなので他人をほめることがない

いかがでしょう？


これらのチェックポイントに1つでも該当する人は、スルーされやすい人といえます。

このあとにそれぞれの理由をあげてありますので、該当した部分をよく読んでみてください。

いっぽう、これらに1つも該当しない、という人はもちろん、ほとんどスルーされることはありません。


では話がスルーされる人とスルーされない人、いったい何が違うのでしょうか？

まずは、なぜかスルーされてしまうという人にこんなクエスチョンから！

伝わらないのは
説明不足だからだと思っている
あなたへ

Q

一度に多くのことを
伝えようと
していませんか？

スルーされる人に共通することは何でしょう？

それは「言葉の温度が低い」ことです。「温度が低い」というのはテレビ業界でよく使う言葉ですが、「言葉が軽い」といい換えるとわかりやすいかもしれません。

温度が低くなる最大の原因は、一度に多くのことをいおうと話を詰め込みすぎてしまうことです。

たとえば、

「きのう、表参道に行って洋服を買おうと思ったら、途中のペットショップのウインドウにかわいい子犬がいて思わず足を止めたけど、うちのマンション、犬を飼えない規則があるからあきらめてブティックに行ったら、気に入った服はサイズがなくて、仕方がないからケーキでも食べて帰ろうと思って入ったカフェのケーキがめっちゃおいしかったの……」

ガールズトークによくある話し方です。この例からもわかるように、一度にたくさんのことを伝えようとすると、言葉のエネルギーが低くなり、「温度が低く」なってしまい、結果、何も伝わりません。

聞いているほうは「何がいいたいの?」と突っ込みたくなるところですが、それも面倒くさいから、「スルー」してしまうのです。

ビジネストークでも同じような例はよくあるでしょう。新製品の販促広告について、提案をしようとする場合なら、

「チーフ、やっぱりいまはネット広告がいちばんですよ。電車の中なんか3人に2人はスマホを見ていますからね。あ、駅貼りも意外なくらい注目率が高いそうですよ。でも、ライバル社の新製品○○は駅前のサンプリングが効果を発揮したというし」

ネット広告がいちばんだといっていながら、自信が持てなくて、ついあれもこれもと重ねてしまうのはよくあること。でも、これではどれがイチオシの施策なのかわからないし、上司は話を聞く気もなくなってしまうでしょう。

伝えたい思いは1センテンスに1つが原則です。

「きのう、表参道に行ったら、とてもケーキがおいしいカフェを見つけちゃった」

まず、ズバリ、こういえば、相手はギュッと心をつかまれてしまいます。子犬の話、洋

服の話は、そのあと、付け加えればいいのです。

広告展開の例ならば、「今度の新製品はネット広告がいちばんだと思いますよ」と話を振り、ネット広告の利点1つに絞って話を展開すると、「言葉の温度が高く」なり、「なるほど」と上司の心をつかめます。

駅貼りやサンプリングの話は、広告展開を進めていく段階になったら、タイミングを見て持ち出す。そうすれば、どのアイディアも上司にスルーされることがなく、「アイツはアイディアが豊富でなかなかデキるな」と好印象につながっていくはずです。

会社の会議で発言するときにも**「いいたいことを1つだけ」**に絞る。あれもこれもと思っていると、必然的に話が長くなってしまいます。
内容を1つに絞ったら、できるだけ短く伝えます。なぜなら言葉は短いほど強くなるからです。「感動した！」「人生いろいろ！」などと短くいい切ることが得意だった小泉純一郎元首相の言葉が強かったのも短いから。
会議の席などでも短い話は失敗が少ない。「1つだけ、私から申し上げたいことがあります」といって発言するのがポイント。これは、『伝説の外資トップが教える　コミュニケーションの教科書』（新将命著／講談社）の一節です。

いいたいことは一言で。キモに銘じておくといいと思います。

芸能界では有吉弘行さんがよい例。有吉さんが再ブレイクしたきっかけは〝あだ名〟という〝一言〟でした。はるな愛さんを「コスプレおじさん」。政治家の麻生太郎さんを「エヘン虫」、サッカー元日本代表の武田修宏さんを「スケベなタラちゃん」、タレントのベッキーさんを「元気の押し売り」とあだ名をつけるセンスには誰もが共感して笑ってしまいます。世の中の人々がなんとなく感じていることを短く、あだ名という一言に凝縮させていい切ったから、言葉の温度が一気に高くなり、爆発的な力を発揮したのです。

伝えたいことが絞り込めないのは、何のために伝えるのか、目的を明確にしていないからです。目的とは、伝えることの先にあるもの、伝えることで本当にめざしていることです。相手を説得することかもしれない。共感してもらうことかもしれないし、笑ってもらい、場の雰囲気を和やかにすることかもしれない。

そうした目的があれば、おのずと伝えたいことは絞り込めます。
言葉は「手段」であって「目的」ではありません。目的が明確だと言葉もシンプルになり、その結果、伝えたいことが力強く伝わるのです。「何のために伝えるか」、目的を持つことはゴールをセッティングすることといい換えることができるでしょう。

ゴールがわかっていれば、そこに向かうための道筋＝伝え方も、自然に見えてきます。いちばん早くそこまで行くための「近道」が見えてくるのです。

反対に「ゴール」がどこにあるか、わからない人は迷子になってしまった状態なのです。多すぎる言葉のために迷っているうちにグダグダになってしまうのです。

「近道を知っている人」と「迷子」の差はこれほど大きいことを知ってください。

この本では最後に「目的別」の「近道＝型」を紹介しますので、ぜひ参考にしてください。

スルーされない人
何を伝えたいか、1つに絞り込んでいる。

スルーされる人
1センテンスにたくさんのことを盛り込んでいる。

他人に
“バカ”だと思われたくない
あなたへ

Q

相手の理解度に合わせて話していますか？

スルーされてしまう人の言葉・話や文章は、往々にして、何をいいたいのかよくわからないことが多いのです。いっぽう、スルーされない人の言葉・話や文章は、聞き手の頭にすっと自然に入っていきます。その違いはどこにあるのでしょうか?

第一の違いは、スルーされる人が、相手に合わせて話すのではなく、自分がどう思われるかを気にして話しているということ。

「頭が悪い」と思われたくないので、つい使い慣れないカタカナ言葉を使ってみたり、難しい専門用語を使ってみたり。たとえば「解決策」といえばすむことをカッコつけてわざわざ「ソリューション」とかいっていませんか?

情報番組のコメンテーターに起用されたばかりの文化人にときどき、そういう話し方をする方がいますが、そのままでは売れっ子コメンテーターにはなれません。

いっぽうスルーされない人の言葉・話や文章が、聞き手の頭にすっと自然に入っていくのは、**相手に合わせた言葉で話している**、からです。

どんなことも、相手が理解できるように、わかりやすく伝えること。そうでないと、聞き手は興味を持つ以前にわけがわからず、スルーするしかなくなってしまうのです。

いま、わかりやすい解説だったらこの人！　と定評がある池上彰さんは著書『伝える力2』（PHPビジネス新書）で、ときどき、あえて〝和文和訳〟をすることがあるといっています。

――原発の事故のニュースでは「水素爆発」という言葉もしばしば出てきました。そうしたときは「水素爆発というのは水爆とは違いますよね」と専門家に聞き返したりもしました。私はそれらの意味の違いを知っていますが、あえて聞くわけです。

専門家は、「エッ?!　そんなの当たり前でしょ」という顔をします。でも、水素爆発と水爆って同じかしら、それとも違うのかしら、と思う視聴者もいるのです。――

池上さんは元NHKの方ですが、アナウンサーではなく記者。さらにキャスター（お父さん役）として『週刊こどもニュース』を担当していた経験があります。ですから、聞き手が「どこまでならついてくることができて、どこからついてこられなくなるか」を肌感覚でわかっています。

話をするときには、自分が当たり前だとわかっていることでも、相手にとってはわかりにくいこと、わからないことがあるという意識を忘れてはいけないということです。

「スルーされない人」は、この意識をきちんと持っていて、相手の反応をうかがいながら

「どこまでならついてこられて、どこからついてこられなくなるか」を見極めながら、相手に合わせて話すことができる人なのです。

相手が理解していないな、と感じたらわかりやすく〝例える〟技術ものちほど紹介しますので、参考にしてください。

相手がついてきているかどうかは、リアクションや表情、目の動きなどを見ていればだいたいわかります。反対に、そこから相手の関心を探り、相手の関心にフォーカスを合わせて話すこともできます。

いつも**相手にわかってもらうこと、相手に楽しんでもらうことを考えながら話す。**

これはコミュニケーションの原則です。とくにスルーされない話し方をしたいなら、そこが最大の要点になってきます。

スルーされない人

相手に合わせた言葉で伝えている。

スルーされる人

相手の理解度を考えずに、自分本位に話している。

観た映画や読んだ本を
つい批評しがちなあなたへ

Q

ネガティブな言葉を使っていませんか？

「話題になっている××××という映画、きのう観て感動した」と誰かがいっているときに「でも、あのエンディング、ちょっとベタすぎない？」とか「あの監督の演出、いつもクサいんだよな」などとネガティブな批評をする人が必ずいます。

映画の感想なんて人それぞれ。せっかく誰かが「感動した」といっているのだから水を差す必要はありません。

映画や本の感想に限らず誰かを評価する際にも常にネガティブな側面を取り上げる人がいます。そういう人はかなりの確率で「スルーされる人」になっています。

口を開くといつも「グチ」という人も同じ。

「どうせオレなんか……」

「部長なんて現場のことは何もわかっていないくせに……」

こんなふうにグチをこぼすことで、話しているほうはストレスの発散になっているのかもしれません。そのグチに共感し、一緒に盛り上がれる場合は別でしょうが、普通は、ネガティブな言葉を聞かされると聞き手の心まで沈んでしまい、どっと疲れを覚えるもの。

だから、こういう言葉は誰だってスルーしたくなりますよね。

「スルーされない人」に共通するのは、ネガティブな言葉を使わないことです。

フェイスブックでも、恨みごとや怒り、グチなどのネガティブな書き込みには、「いいね！」はほとんどつきません。「心を曇らせ、沈ませる、ネガティブ・オーラに感染したくない！」という防御バリアが働くのでしょう。

何かを伝えたいと思いながらもネガティブな言葉を使っていたとしたら、アクセルと同時にブレーキを踏んでいるようなもの。

ふだんから、意識的にポジティブな言葉を使うようにしましょう。

ネガティブな言葉が浮かんできてしまったら、頭の中で素早くネガポ（ネガティブをポジティブに）変換してしまえばいいのです。たとえば、**「あの人、愛想が悪いよね」**といいそうなときは**「あの人、こびを売らないタイプだよね」**とか**「他人に流されないタイプだよね」**といい換えれば、悪口になりません。

「わがままな人」は**「自分の気持ちに正直な人」**、**「だらしない人」**なら**「細かいことを気にしないおおらかな人」**。**「汗臭い人」**は**「フェロモンをふりまいている人」**なんてどうでしょう。

暗い言葉を明るい言葉に変換するための本『ネガポ辞典』（主婦の友社）がベストセラーになったことからも、多くの人が、ネガポ変換がうまくなりたいと願っていることがうかがえます。

言葉の並べ方を変えるだけでも、ネガポ変換はできます。放送作家は、言葉や情報を組み立てることが仕事なので、これは私の得意分野。

「彼女、性格はかわいいけど仕事がイマイチだよねぇ」

と悪口をいいそうになったら、ひっくり返してみましょう。

「彼女、仕事はイマイチだけど、性格がかわいいよね」

こうすると、「性格がかわいいよね」という言葉が最後にくるので、その印象が強く残り、全体の印象もポジティブになるのです。

部下の企画書を読んでほめる、そんなときも、

「よくできているな、驚いたよ！」というのと、

「驚いたな、よくできてる！」というのでは部下の受け取り方はガラッと変わります。

前者は、「出来の悪いおまえにしてはよくできていて驚いた」と皮肉っぽいニュアンスになりますが、後者は、「期待以上によくできていて驚いている」とポジティブなニュアンスが強く伝わります。

上司の誘いを断る場合も、「お声をかけていただいてうれしいのですが、その日はちょっとほかの用事が……」といってしまうと、ネガティブな印象を与えてしまいますが、「残念です。その日はちょっとほかの用事が……、**でもお声をかけていただいてうれしいです！**」といえば誘ってもらってうれしい、という印象が強く残ります。

映画を批評するときも「オチはちょっとベタだったけど、感動するよね」といえば場の空気も壊れません。**ポジティブな言葉を最後に持ってくる！　これがコツです。**

問題点を指摘する場合も、ポジティブな言葉を心がけましょう。自分の欠点や足りない点は自分自身がいちばんよくわかっているもの。他人から鋭く突かれるとさすがにつらいものがあります。

そんなときには、脚本の世界でいうシュガーコートテクニックを使ってみましょう。シュガーコートとは、言葉どおり、砂糖でくるむこと。糖衣錠は、苦くて飲みにくい成分を甘いシュガーで包んで体内に送り届ける工夫をされた薬。こうすれば口当たりは甘く、でも体によい成分はちゃんと体内に入っていく、それと同じです。

関根勤さんは、このシュガーコートの名人です。若手芸人が失敗しても、きつい言葉で注意することは決してありません。わがままな後輩には**「自由でいいね」**。経験が浅く、芸はまだまだという後輩には**「可能性を感じさせるね」**。とんでもない失態をしでかした後輩にも**「伝説の1ページが加わったね」**などといったあとに、「でもね……」などとさりげなくアドバイスします。この関根トークを見習って、オフィスでもシュガーコートをもっと使うようにしてみましょう。たとえば、一貫性がない人には「柔軟でいいけど」、注意されてもちっとも直そうとしない人には「こだわりがあっていいけど」などといい、それでピンとこないようなら、さりげなく注意するようにしましょう。

スルーされない人
言葉や表現が、とことんポジティブ！

スルーされる人
ネガティブな言葉が口癖になっている。

自分に“劣等感”を持っている
あなたへ

Q

つい自分を飾ろうと
していませんか？

お酒の席などで、自分だけいい気持ちになってとうとうと自慢話をする人がいます。
上司や取引先の人の場合などは「しょうがない」と思って聞いていますが、内心では、「いや、キツイなあ。スルーしたいなぁ」と思ったことがあるでしょう。その体験を思い出せば、**自慢話を聞かされる相手がどんな気持ちでいるかはよ～くわかるはず。**

自慢話をして自分を大きく見せたい、と思う人は少なくありません。そういう人の多くが、コンプレックスの裏返しで自慢話をしてしまうのだそうです。

構成を担当した番組に出演してもらった心理学者によると、自慢話をしたり、過剰に「上から目線」でものをいい、何かにつけて地位関係を意識させようとするのは、劣等感を持つ人の特徴。自分を実際以上に大きく見せたい、という利己的な欲求に動かされているそうです。

対話では、自慢話は絶対にしてはならないとキモに銘じておきましょう。

その反対に、失敗談や聞くも涙の苦労話は？

実は、こちらのほうは大歓迎。

「人の不幸は蜜の味」という言葉もあるくらいで、残念ながら、これも人の心理の一面なのです。

売れているタレントさんとそうでないタレントさんの差はこの心理を生かしているかどうかが大きいと、私は考えています。トーク上手で、売れているタレントは、自慢話をすると「好感度」が下がることをよく知っています。鼻もちならない自慢話は控え、「この前、とんでもない目にあって〜」と失敗談を面白おかしく披露して笑いを誘い、聞き手をちょっとだけいい気分にさせることがうまいのです。

お笑い芸人、大久保佳代子さんは「モテないアラフォー女性」という自分の欠点を逆手にとって、モテない、さびしい私生活をチラリと披露して、一気に人気をさらってしまいました。明石家さんまさんも、「このままじゃあ、独居老人まっしぐらや」といってはオーバーに嘆くというネタを盛んに披露するようになっています。

どちらもまったくのウソではなさそうなところがミソかもしれません。

「笑いとは優越感である」

これは、イギリスの哲学者トーマス・ホッブズの『人間論』にある言葉ですが、まさしく至言というべきでしょう。

この言葉を地でいくのがコンプレックスを逆手にとって笑いを誘い、相手の心をとらえる方法です。

毎週日曜日の夕方、日本テレビ系で放送されている『笑点』は放送開始から50年近くたつ長寿番組。今もなお、視聴率15％前後をキープしているほど人気を誇っています。

人気の秘密は出演者がいずれも芸達者で的をはずさない笑いネタを披露するところにあるのでしょうが、もう1つの秘密は、出演者がそれぞれのコンプレックスをネタにしていること。司会の桂歌丸師匠はハゲで恐妻家。林家木久扇師匠は馬鹿、三遊亭円楽師匠は腹黒、春風亭昇太師匠はいい年して独身という具合です。

笑点では、おたがいにコンプレックスとなっているところをつつき合い、笑い合うのですが、それぞれ練達の笑い芸の持ち主ですから、すぐさまついた相手のコンプレックスをいじり返し、笑いに、それも大爆笑に変えてしまうのです。

彼らのコンプレックスを笑いながら、視聴者は1週間分のうさを晴らし、いい気分になって、ストレスを解消できるのかもしれません。

欠点をあえてさらすと信頼感が増すというデータもあります。

南カリフォルニア大学のマイケル・カミンズ助教授がボールペンの広告を実験的に制作したときのこと。ひとつは「長所」ばかりを書き連ね、別のものでは、あえて欠点をもアピールしてみたのですが、見る人の心を動かしたのは欠点を含めてアピールする広告のほうでした。なんと長所ばかり連ねた広告よりも6倍好まれたそうです。それはすべてをオープンにしているという信頼感を与えることができるから。人間関係でいえば「心を開く」ということに通じます。

弱点、欠点をさらけ出すには勇気がいります。とくに男性には、弱みや欠点を見せることや悟られることを極端に怖がる傾向があるのですが、だからこそ、それを打ち明けてくれた相手には好感を持つようになります。

ふだん、険しい顔をして近寄りがたいオーラを発している人が「こう見えても犬が苦手でね、チワワが近寄ってきても飛び上がっちゃうんだよ」なんて明かしてくれたら、一気に親しみが湧きますよね。

あなたも自慢話をするくらいなら、積極的に弱点をさらしてみましょう。相手との距離が縮まり、スルーされることがなくなってくるはずです。

自慢話同様、自分のことばかり話している人も、私なら完全にスルーです。**「自分の話をしそうになったら、10のうち8はこらえる」**くらいが相手をいい気分にさせるコツです。

私も参加したフジテレビの『スタ☆メン』という情報番組の司会をしてくださった阿川佐和子さんが出版した『聞く力』（文藝春秋）は売れに売れてミリオンセラーになりました。機会があったら、阿川さんが司会をする、毎日放送系のトーク番組『サワコの朝』を見てください。緩急自在に話題を振りながら、常に話の主導権は相手に握らせている、その手綱さばきの見事さは、ぜひ参考にしたいものです。

スルーされない人

相手を〝いい気分〟にさせている。

スルーされる人

自分だけ〝いい気〟になっている。

自分自身の言葉に
こだわっているあなたへ

Q

名言のチカラを活用して
話していますか？

「ハングリーであれ、愚かであれ」

いまや、知らない人はいないといってもいいほど、有名な言葉です。

アップルの創始者、スティーブ・ジョブズはこの一言によって、自身の存在を伝説化してしまいました。本来、彼の功績は、マッキントッシュの開発やパソコンの歴史に革命を起こした「iMac」やデジタル携帯音楽プレーヤー「iPod」を作りだしたことであったのですが。

冒頭の言葉は、2005年、スタンフォード大学の学位授与式で卒業生に向けてジョブズが行った感動的なスピーチに使われ、以来、歴史的な名言となっています。

しかし、実は、この言葉はジョブズのオリジナルではなく、彼が学生時代に読み、感銘を受けた本、60~70年代のヒッピー世代のバイブル『全地球カタログ』の最終号の裏表紙に記載されていた言葉からの引用だそうです。

引用した言葉がいまや、ジョブズ自身を象徴する言葉となっている。この事実は、2つのことを伝えています。

1つは、「名言」や「名句」のインパクトの大きさ。

もう1つは、「名言・名句」は巧みに引用すれば、ちゃんと自身の言葉となるということです。

必ずしも有名な言葉でなくてもいい。ジョブズのように、心から共感できる言葉を選んで、あなたの信条として語れば、それがあなたの言葉になるのです。

言葉の温度が低くて伝わらない人は古今東西の名言をどんどん引用しましょう。

名言の引用が最も効果的なのは、結婚披露宴のスピーチです。

誰だって大勢の前でのスピーチは緊張するもの。原稿を用意し、万全の備えで臨んだのに、気がつけば耳を傾けている人は誰もいない。隣の人と歓談したり、こっそりスマホをいじっていたり……。そんなふうにスルーされる原因は、スピーチが長すぎるか、当たり前のことしかいわず、退屈されてしまったから。

そんな窮地から救ってくれるのが「名言」なのです。**「名言」は語り継がれてきた言葉ですから、言葉自体が強いインパクトを持っていて、すべらないことは100％保証ずみ。そのインパクトを上手に活用するのです。**

「〝結婚前には両目を大きく開いて見よ。結婚してからは片目を閉じよ〟と、かのテニソンもいっています」などといわれると、「かのテニソン」が「どのテニソン」か、わからなくても「いいことを聞いた」気がするものです。
そのうえ、なんとなく、話している人がイギリスの詩人、テニソンと知性や感性を共有している、「頭のよさそうな人」に見えてくるから不思議です。

ほかにも……

「結婚、それはどんな羅針盤も航路を発見したことがない荒海である」（ハイネ）
「結婚生活でいちばん大切なのは忍耐である」（チェーホフ）
「夫婦とはたがいに見つめ合う存在でなく、ひとつの星を二人で眺めるものだ」（ヘッセ）
などなど、インターネットで検索すればいくらでも名言を探せます。どの言葉を選び、どんなタイミングで挿入するかは、センスが問われるところですね。
有名な名言をその場に合わせて、アレンジして使うことも有効です。
「皆が賛成することはたいてい失敗し、反対することはたいてい成功する」

これは、セブン&アイ・ホールディングスの総帥・鈴木敏文さんの有名な言葉です。
プレゼン会議の席で、大方の意見が「反対!」だった。こんなとき、「大いに勇気をいただきました。『皆が賛成することはたいてい失敗し、反対することはたいてい成功する』とセブン&アイの鈴木敏文さんがいっておられます。今日の「反対」は、もっと戦略を練ってこい、というエールだと受け止めています。次はもっと完成度の高い企画にブラッシュアップして、再度、ご提案させていただきます。ありがとうございました」といえば、どうでしょう。

「反対」されたまま引っ込んだのでは、せっかくの「企画」はスルーされただけ。誰の印象にも残らないでしょう。**でも、鈴木さんの名言を持ち出した、その一言で、同じ「企画」が、次は金の卵に変わるかもしれないものとして、光を放ち出したのです。**

まさに名言のパワーです。

参考にしたいのは、フジテレビの深夜に放送していた『世界は言葉でできている』という番組です。毎回、さまざまな偉人の名言を取り上げ、日本を代表する言葉の使い手、コトバスターたちが自らの感性を駆使して、その名言を〝さらに超える〟言葉を創り出すバラエティ番組でしたが、もとの名言を超えるものも数多く生まれました。

たとえば、腹違いの姉を愛してしまった、愛に生きたバイロンの言葉、「あなたのために世界を捨てることはできない。しかし、世界のためにあなたを捨てることもしない」。

この名言の最後の部分を空白にして「しかし――」に続く言葉を考え出して、オリジナルの名言を超えるグッとくる言葉を作るのです。

これに板尾創路さんは「しかし、それは表向きの話」、オードリーの若林正恭さんは、**「あなたのために新しい世界を創ることはできる」**と答えました。若林さんの答えなどは、バイロンよりも力強くポジティブでグッときませんか？

あなたも、名言の一部をアレンジして、オリジナルのグッとくる名言を作り出してみてください。

スルーされない人

名言をうまく〝引用〟している。

スルーされる人

名言のパワーに気づいていない。

お世辞が嫌いなので
他人をほめることがない
あなたへ

Q

絶対にスルーされない言葉を知っていますか？

この章のまとめとして、「絶対にスルーされない言葉」をお教えしましょう。**どんな相手の心にも確実に届き、絶対無視されることのない言葉、それは「ほめ言葉」です。**

誰でも、最も関心のあるのは「自分自身」です。誰でも、人にどう見られているのか、気になって仕方がないのです。

自分自身を悪い人間だとか、イヤな人間だと思っている人もいません。

あなたから見れば、とんでもない「イヤなやつ」であっても、当人は「我ながら、いい人間だ」とか、もっと厚かましく、「こんないいやつはいない！」と思っているものなのです。

また、そうでなければ、とても生きていくことなどできないでしょう。

したがって、誰でも内心では、「ほめられて当然」だという気持ちを持っており、「ほめ言葉」を聞いて当然、むしろ「もっとほめてほしい」とさえ思っているはずです。

さらには、ほめてくれる相手を「この人はよくわかっている」「人間を見る目がある人だ」と思います。

だから、「ほめ言葉」は絶対にスルーされないのです。

もちろん、心にもないお世辞は簡単に見透かされてしまい、かえって、逆効果になるだけです。

どんな人にもよいところはあるものです。欠点も裏を返せば長所になります。そうした視点で相手を見て、心からほめてあげること。今日から、さっそく習慣にしてください。

それができれば、あなたは周囲の人にとって大事な存在となるでしょう。もちろん、スルーされることもなくなります。

もし「他人をほめることが苦手」というのであれば、何かをしてもらったときなどに「いつもありがとう」など、感謝の言葉を伝えるだけでも、同じ効果があります。

売れっ子のタレントさんの多くは、相手がアシスタント・ディレクターであろうと駆け出しの放送作家であろうと、何かしてもらったら必ず「ありがとうございます！」と感謝の言葉を口にします。

私も以前、テレビ局の地下駐車場から局内に入るドアを開けてあげただけで丁寧なお礼の言葉を述べてもらったことがありました。その人は「なんだこのババァ、のり巻きみてえな顔しやがって」「ババァ、オレが行ってあんたの葬式、にぎやかにしてやるよ」などの毒舌で知られるベテランタレントさん。そういう人ほど、日頃から感謝を忘れません。だからこそ、憎まれ口にも愛情がこもっているのです。

ほめ言葉同様、「ありがとう」といわれて、悪い気がする人はいません。資料を手渡されたときや、ちょっとしたアドバイスをもらったりしたら、すかさず「いつも、ありがとうございます」といってみましょう。たったそれだけのことでスルーされない人に近づきます。

スルーされない人

他人のよい部分を認め、感謝を忘れない。

スルーされる人

他人の悪いところばかり見ている。

COLUMN

「SAVE THE CAT の法則」

～好感を持たれる「伝え方」の極意～

ある日を境に、仕事で出会う人から口々に、「石田さんってやさしいんですね」「いやあ、すっかり見直しました」「意外と（笑）いい人なんですね」などといわれ始めたことがありました。最初は「？？？」だったのですが、理由を聞いてみると、異口同音に「フェイスブックを見ました」という答えが返ってきたのです。そこで、自分のフェイスブックを見直して納得！　フェイスブックで、私はとくに意識することなく「スルーされない技術」の1つを使っていることに気づきました。

それが「SAVE THE CAT の法則」です。

「SAVE THE CAT の法則」はハリウッド映画の世界で、映画をヒットさせるための王道といわれるテクニックです。ヒット映画の鉄則は、主人公が絶対に観客に好かれる人物であること。そのために、映画が始まってすぐ、「観客がその人物を好きになり、応援したくなるようなシーンを挿入しなければならない」とされています。

たとえば、主人公がアル中で街の嫌われ者だとしましょう。そんな人物が主人公ならばよけいに、映画の冒頭に、誰も見ていない路地裏で、グデングデンに酔っぱらって自分自身がボロ布みたいなのに、震えていたノラ猫を思わず抱きしめる……。こんなシーンをさりげなく挿入するのです。すると、観客はすぐにこの主人公に好感を持ち、応援したくなる……。「SAVE THE CAT の法則」と呼ばれるのは、そこからです。

実は私も、妻が拾ってきたノラ猫のことをフェイスブックにのせたので、「意外と（笑）いい人」ということになったというわけです。正直にいって、このとき、私は「SAVE THE CAT の法則」など、まったく意識していませんでした。でも、結果的に、まさにリアルで「SAVE THE CAT の法則」のパワーを感じさせられたわけです。

もちろん、別に猫を助けなくてもいいんです。子供とのふれあいとか、趣味でカメを飼っているとか、ビジネスシーンではふだん見せない顔をフェイスブックにのせると、あなたにも「SAVE THE CAT の法則」が作動するはず。

オバマ大統領が選挙戦で犬を飼うことを〝公約〟し、当選後、公約どおり犬を飼ったのはよく知られています。名前は「ポー」。犬種はポーチュギーズ・ウォーター・ドッグ。オバマ大統領の娘さんには動物アレルギーがあるそうですが、この犬種ならアレルギーが出にくいのだとか。ですが、好感度を引き上げた最大の要因は、動物愛護団体から引き取ったというエピソードです。

オバマ大統領のフェイスブックには、国旗を前にしたポー、クリスマスにはサンタクロースの衣装を着たポーがしばしば登場します。２０１３年8月には2匹目の「サニー」も新たに家族に加わったと報じられています。

これも、「SAVE THE CAT の法則」を狙った戦略？　かどうかはわかりませんが、日本の政治家では愛犬や愛猫の話題はあまり登場しません。

誰か、日本の政治家に、「SAVE THE CAT の法則」を教えてあげては、と思うのは、よけいなお世話でしょうか？

第2章

スルーされない“つかみ”のルール

第1章では「スルーされる人」と「スルーされない人」の違いを見てきました。いよいよ、ここからがコミュニケーションの本番。実際のコミュニケーションの場で、「どうすればスルーされないか」。具体的なポイントを紹介していきます。

まず、最も大事な〝つかみ〟です。

放送業界や「お笑い」の世界、とくにテレビ番組では〝つかみ〟が生命線です。テレビ番組は放送開始から数分が勝負。ここで視聴者をぐっと〝つかむ〟ことができるかどうかで、視聴率が決まってしまうといっても過言ではありません。

視聴率は「1%が100万人に相当する」といわれています（実際はもう少し低い数字のようですが）。民放は番組提供スポンサーが支払うCM放映料金で成立しています。視聴率が3%下がれば、300万人の顧客にアピールする機会を失った計算になり、スポンサーは降りてしまう。スポンサーがつかなければ民放は成立しません。視聴率はまさに番組の生命線！　番組制作者が〝数字〟に一喜一憂するのは当然ですね。

最初に、聞き手をギュッとつかんでしまわないと、その先のコミュニケーションが成立しない。これは会話でもブログでもプレゼンでも同じです。

いまや、ネコもしゃくしもブログ時代。星の数ほどあるブログの中から自分のブログに目を止め、読み進んでもらうためには最初の数行が命。

ビジネスのプレゼンでもはじめに相手の気持ちをつかめなければ、プレゼン内容が優れているかどうか以前に「スルー」されてしまい、そこから先のリカバリーは至難のわざです。

ふだんの会話も同じです。〝つかみ〟が弱いと、その先の話がぜひ、知らせてあげたい面白い情報だったり、耳寄りの話であっても、聞く気を持ってもらえません。

フリーで放送作家を30年も続けてこられた理由の1つは、長年の経験から、コミュニケーションのはじめに相手の心を〝つかむ〟決まりごと、ルールを会得することができたから、だと思っています。

この章では、思い切ってそのルールをお伝えしましょう。

つかみのルール ①

〝リード〟から始める

プレゼンやスピーチの最高の〝つかみ〟は、
課題になっていることの要点を
ズバリといってしまうことです。

私の得意ジャンルは、報道や情報番組。

報道や情報番組になぜ放送作家が必要なの？　と首をかしげる人もいるかもしれませんが、実際は、報道や情報番組だからこそ、放送作家の原稿が求められるといえるのです。報道記者は情報を集めてくるのが仕事。アナウンサーはニュース原稿を読むのが仕事。その間にあり、聞きやすく、読みやすい原稿を作るのが放送作家です。

ニュースは、政治や経済、社会の動向を知らせる大事な機能を担う番組です。中には複雑で難解な問題も少なくありません。こうした難解な内容に関心を引きつけ、視聴してもらうためには、最初に「このニュースはこういうことをいう」と全体のエッセンスを凝縮して伝えたり、あえて結論を伝えることがよくあるのです。

ここで大いに腕をふるう。それこそ、放送作家の出番というわけです。

たとえば、世間を騒がせた食品偽装問題に関するニュースを伝える場合を考えてみましょう。いきなり、「○○デパートでバナメイエビを使用しながら芝エビと表示……」と偽装の内容をえんえんと読み始めたら、視聴者は興味を示すはずがありません。

代わりに、**「食品の虚偽表示問題の続報です。あの大手百貨店でも惣菜に虚偽の表示がなされていることがわかりました」**と語り始めたらどうでしょう？「え、また？」「今度はどこなの？」と視聴者はグイと引きつけられ、番組を見続けてくれるはずです。

冒頭で、全体を凝縮したり、結論を伝える原稿を「リード」といいます。新聞や雑誌の記事にもたいていリードがあります。

ところが、プレゼンや営業トーク、友だちとのふだんの会話などでは、「リード」を忘れてしまうことがほとんどです。

新企画をプレゼンするような場合、往々にして、はじめに社会情勢を述べたり、問題の背景や経緯などをえんえんと述べている人がいます。

これでは、聞き手を〝つかむ〟ことはできず、間違いなくスルーされてしまうでしょう。聞き手が関心を持っているのは問題の解決策なのです。社会情勢などの前置き部分は「いわれなくても、そんなこと知っている」、あるいは、「しち面倒くさいなあ。さっさと本題に入ってくれよ」とうんざりされるだけ。

プレゼンやスピーチの最高の〝つかみ〟は、課題になっていることの要点を最初にズバリといってしまうことです。

たとえば、ある問題の解決策について語る場合ならば、**「懸念されている課題は、ご提案する3つのステップで確実に解決できます」**と結論を一言でいってしまう。このリードで相手が思わず身を乗り出す。そんな光景が目に見えるようです。

プライベートな会話でも同じこと。話の要点をニュースのリードのように一言でいうのです。たとえば「きのう、新宿歌舞伎町でA課長がぼったくられたもようです」のように。

もちろん、友人と話すときは「きのうA課長が歌舞伎町でぼったくられたらしいよ」という口調になるでしょうが、毎日見ているニュースのリードを意識すれば、つかめる「ひと言」が簡単にできます。

スルーされない人

冒頭で要点をズバリといい切る。

スルーされる人

「リード」なしでダラダラ話す。

つかみのルール ②

そこはかとない不安を煽《あお》って始める

〝不安〟に訴えれば、相手の関心は非常に強く、
こちらが話そうとすることを
一言一句聞いてくれます。

テレビの情報番組では、**「いかに当事者意識を持ってもらうか」が視聴率のカギになります。**ですから、「視聴者の興味から遠いだろうネタ」を扱うときほど、**「これ、決して他人事じゃないんですよ」という切り口を大事にしています。**

たとえば、通学途中の小学生の列に車が突っ込んだというニュースを扱うときには、「ガードレールのない通学路が全国に××万か所もある」→「いつ、どこで起こってもおかしくない事故なのだ」と畳み込むようにして伝えると、視聴者に「当事者意識」が強く芽生えます。

テレビの情報番組ではこんな工夫で視聴者に当事者意識を持ってもらい〝つかむ〟努力を怠っていません。

当事者意識を持たせる最もポピュラーな方法が不安を煽ることです。

この手法はコマーシャルでは常套手段として使われています。がん保険のＣＭならば、商品紹介の前に**「いまや、２人に１人はがんになり、死亡する人の３人に１人はがんという時代です」**と振る。すると、「もしかしたら私も？」という思いにとらわれ、がんは「他人事ではない」→自分自身の問題、となって関心が高まり、保険に入る人がぐんと増えるという図式になるわけです。

「いまのままでいいのだろうか」
「この先、自分の人生はどうなっていくのだろうか」

人は誰でも心の奥底に、大なり小なり、不安を抱えて生きています。ですから、その不安を突かれるとイチコロ！　といっていいほど弱く、スルーされることがありません。

逆にいえば、〝不安〟に訴えれば、相手の関心は非常に強く、こちらが話そうとすることを、一言一句聞き漏らすまいと、しっかり耳を傾けて聞いてくれます。

不安に訴える方法は、情報を伝えるマスコミでは、常套手段の1つになっています。週刊誌などを開けば、**「いまのままの食生活ではガンになる！」**とか、**「朝食抜きはかえって太る！」「最近、抜け毛が増えたと感じていませんか」。**ゴルフ雑誌では「そのままでは100切りは無理！」……など、「不安を煽る」表現はいくらでも目にとまります。

リアルなコミュニケーションでも、この手法は使えます。

たとえば自分がひどい目にあったときは「**××さんも気をつけたほうがいいですよ。**つい先日のことなんですが……」と一言いってから話し始めるだけで相手の関心度の高さが変わります。会議に議題を提出するときなどには、**「現状のままでは当社の劣勢を挽回することはできないでしょう。ですから、次の企画案をご提案したいのです」**と不安要素から入るとスルーできなくなってしまいます。

不安を煽って相手の心をつかんで、安心で落とす、これが鉄則です。

この方法がいかに効果的か試す方法があります。明日、彼女に会ったら「あれ？」といいながら、心配そうに顔を見つめてみてください。すると、彼女は「なに？（鼻毛でもでてる!?）」と、不安そうに聞き返すはずです。そんなタイミングを逃さず、「いや、きょうは、いつにも増してかわいいと思って」というのです。いつもと違う相手の視線に不安を覚えていた彼女は、「かわいいね」といわれ、心配から一転してうれしさいっぱいになり、満面の笑みになるはずです。

スルーされない人

不安でつかんで「安心」で落としている。

スルーされる人

事実をただそのまま伝えるだけ。

つかみのルール

③

〝訴求ポイント〟で始める

80年以上前に出版された伝説の名著に
書かれている「訴求ポイント」を使う。

この話題なら間違いなく、聞き手の心を〝つかむ〟ことができるネタ。それを訴求ポイントといいます。

いまでは百花繚乱、各局しのぎを削っている「ワイドショー」。その皮切りは1964年4月にスタートした『木島則夫モーニングショー』（日本教育テレビ・現テレビ朝日系）でした。このとき、私はまだ1歳。

翌年には『桂小金治アフタヌーンショー』（日本教育テレビ・現テレビ朝日系）、68年には『3時のあなた』（フジテレビ系）とお昼のワイドショーも次々始まり、ワイドショーなしのテレビは考えられないといってもよいくらい、いまや1日の番組構成の大きな柱となるまでに成長を遂げています。

ワイドショーの特徴は主婦向けの情報番組であること。朝8時からとか、お昼の12時から、あるいは午後2時からという放送時間に家にいるのは主婦がほとんどです。

ちなみに、帰宅後の男性も視野に入れたワイドニュース番組の第1号は『ニュースステーション』（テレビ朝日系）。1985年10月7日のスタートでした。

25年ぐらい前のこと。放送作家になった私は「ワイドショー」制作スタッフの一員となり、勇んで会議に出向いたところ、プロデューサーが全員に1枚の紙を配ったのです。紙には「主婦が関心を寄せるテーマ＝訴求ポイント」と書かれ、以下の一覧がプリントされていました。

その一覧とは……

1、収入を増やす

2、お金を節約する

3、もっと健康に

4、医療対策

5、老後の安心

6、喜び

7、家事をもっと楽に

8、快適さ

9、脂肪をもっと減らす

10、心配から解放される

の10項目。これをネタにした企画をつくればスルーされず、確実に視聴率をとれるぞ、というわけです。

のちに、この一覧には元ネタがあるとわかりました。

アメリカの広告業界で泣く子も黙るといわれる伝説的なコピーライター、ジョン・ケープルズが書いた本、『Tested Advertising Methods』（最新の邦訳は『ザ・コピーライティング』

ダイヤモンド社）が元本。この本に、売り上げをアップし続けるための「訴求ポイント」としてこの10項目がリストアップされていたのです。元本では、さらに、「仕事やビジネスで成功する」「名声」があげられ、全12項目から成っています。ワイドショーは主婦向けですから、この2つは省いたのでしょう。

驚くべきは、この本がいまから80年以上前に書かれたものだということ。**この12項目はどんな時代にも通用する、人の基本的な興味・関心**なのです。

現在もほとんどの実用書がこの12項目のどれかに該当するはずです。つまり、この12項目は、いつ、どんな場合にも、人の関心を引きつける〝つかみ〟として使えるということです。**日常のトークでもこれらの要素を話の冒頭に入れれば聞き手の興味をかきたて、心を〝つかむ〟導入になり、ハズレはありません。**

スルーされない人　**人の興味の基本を知っている。**

スルーされる人　**人がどんなことに興味を持つかに関心がない。**

つかみのルール ④

共感を得て始める

おたがいの共通点を見つけ、
その話で盛り上げ、
親近感、共感を得、相手の心を〝つかむ〟。

自民党のプリンスと異名をとり、圧倒的な人気を持つ小泉進次郎さん。４代続く政治家の家に生まれ、父・純一郎さんは元首相。米コロンビア大学院で修士号取得。米国戦略国際問題研究所研究員を経て、現在、衆議院議員、おまけにかなりのイケメン。父親譲りのさわやかで流暢な弁舌……。こう書けば、小泉進次郎さんの人気があるのは当たり前だといいたくなりますが、実は、人気の秘密はさらに別のところにある。私はそう見ています。

２０１０年の参議院選挙、民放の「選挙特番」を担当しました。このとき、自民党の遊説局長代理として全国を行脚する進次郎さんが各地で行った演説のＶＴＲを見る機会があったのですが、進次郎さんが地方遊説の際には必ず方言を交えて話しているのには驚きました。さらに、ご当地の名物・名産を必ず話題に取り上げ、ほめます。**奈良県に行けば「ここには初代天皇の神武天皇陵がある。歴史のど真ん中です」**という具合に、です。

こういわれれば、聴衆は一気に進次郎さんに親しみをいだきます。生まれも、現在の活動ぶりも、おそらく聴衆の多くとはかけ離れた（笑）存在であるにもかかわらずです。

講演上手で知られるある評論家は、講演会場がある場所に早めに着き、必ずそのまわりを歩いてみるのだそうです。地方なら前日に入り、名物を食べたりもします。

そして、その話題を講演の頭に振るのです。

「このあたりはカキの養殖が盛んだそうですね。実は私、当地のカキの評判を聞いたらもう待ち遠しくて一日、早めにやってきてしまったんです。昨晩、カキ、もう、いただいちゃいました。いやあ、絶品。みなさんは幸せですねえ、こんなにおいしいカキを毎晩だって食べられるのですから……」

これで会場のお客さんはほどよく温まり、すっかり上機嫌になってしまいます。もうお客さんの心はわしづかみにされたも同然。身を乗り出して、講演に聞き入るはずです。

ビジネストークを始める前に、それとなく雑談をしながら、**たがいの共通点を見つけたら、しばらく共通項の話で盛り上がり、親近感、共感を得、相手の心を〝つかんでしまう〟**という方法は想像以上に有効です。

最近のテレビ番組では、視聴者と共感ベースをつくることをこれまで以上に、重視する傾向が強くなってきています。たとえば、タレントさん自身がプライバシーをかなりオープンに話すことなどは端的な例といえるでしょう。

関西の芸人さんが「オカン」ネタを好んで使うのも、共感を得るテクニックのひとつです。
ほかにも野々村真さんの恐妻家キャラなどは視聴者の共感を呼びます。

ふだんから、相手と親近感、共感を得ることにもう少し、気を遣ってみましょう。

春先、おたがいにマスクをしていたら、「いやあ、花粉がつらい季節になってきましたね」と話し出す。新入社員を迎える季節なら、「最近の新人は我々世代とは人種が違いますから、しばらくはこちらのほうが気を遣いますよね」などと共通の話題を振って、共感ベースを確立すると、その後、本題の話も身を入れて聞いてもらいやすくなります。

スルーされない人

相手が共感するネタを使う。

スルーされる人

親近感や共感を得ることに興味がない。

つかみのルール ⑤

サプライズで始める

サプライズは、それだけで人の心を〝つかむ〟
演出効果満点の切り口。もっとふだんの
コミュニケーションに取り入れよう。

画面が急に暗くなった……。まだ、収録は終わっていないのになぜ？　とけげんに思っていると、「ハッピィ・バースデイ・トゥ・ユー」が流れてきて、ワゴンのケーキが登場！「ええっ！　今日が誕生日だってこと、忘れてた」と誕生日の主はびっくり驚く。ドラマのメイキング映像などでよく見る光景です。

知らぬは当人ばかりなり、とこっそりパーティの準備を進めておいて、いきなり本人をその場に招く。一般にも、サプライズパーティはすっかりおなじみです。

でも、何度経験してもすごく楽しく感動的で、その場も大いに盛り上がる。

サプライズはそれだけ人の心を〝つかむ〟演出効果満点の切り口だということです。

このサプライズをふだんのコミュニケーションにもっと取り入れるといいのです。

サプライズにはいくつかの方法があります。

いちばんポピュラーなのは、**「逆説から切り込む方法」**でしょう。

はじめに、常識では信じられないようなことをいって「エッ!?」と思わせるのです。

テレビでは「あなたの常識は間違っている！」などとストレートに煽りますが、少々、手が込んでいるのがビジネス書のタイトルです。

数年前、『千円札は拾うな。』（安田佳生著／サンマーク文庫）という本が話題になりましたね。千円札が落ちていれば、誰だって拾う。そして得をする。これが常識です。

人には、自分の常識をくつがえされるとストレスを感じ、そのストレスを解消するための行動に出ようとする、という心理があるそうです。「千円札は拾うな」といわれれば、普通なら、拾うのに！　と常識とは異なる意見にストレスを感じるのですね。そのストレスを解消するために、「その本を手に取って読んでみる」という行動に向かうのです。

実際に本を読むと「千円札を拾うと目線が下がり、となりに1万円札が落ちていたとしてもほかのものが見えなくなる」と書いてあります。もちろん、これは例え。筆者は「こうすれば得」だとか「こういう場合にはこうするもの」と既存の常識にとらわれている頭をもっと柔軟にしなさい、ということを伝えたかったのです。

でも、「常識にとらわれるな」というタイトルでは、膨大な新刊が並ぶ書店では、スルーされてしまうだけ。そこで、あえて常識をひっくり返すサプライズ効果で勝負に出たのでしょう。結果は大成功。この本は大ベストセラーになっています。

この逆説のつかみはビジネスシーンでも応用できます。

たとえば営業先などで、**「私は御社に、セールスするためにうかがったわけではないんです」**とアプローチする。すると、相手は**「えっ？　それじゃあ、来社の目的は何なのだ？」**とあなたに興味をいだきます。

こうして相手の心をぐいと〝つかんで〟から、**「私は御社とパートナーとなるためにうかがったのです」**などと続ければもうばっちり。相手の心は完全にあなたの手の中に入ってしまいます。

プライベートなら、恋人に**「夢はいつか叶うなんて嘘だ」**と逆説的なことをいったあとに**「叶うのを待つんじゃなくて、一緒に叶えよう」**といえば、いきなり「一緒に夢を叶えよう」というよりも言葉の温度が高くなります。

スルーされない人
逆説的な切り口を使う。

スルーされる人
常識的な切り口から抜け出せない。

つかみのルール
⑥

「サイレント」から始める

いったん静寂をつくり、そこから一転させる。
この「古池の法則」は
スルーされることがありません。

いきなりハイテンションで話を始めて、相手が引いてしまったことはありませんか。

こんな失敗をおかさないためには、「古池の法則」で相手の心をつかむ方法があります。

「古池や　蛙飛び込む　水の音」

日本人なら誰でも知っている、松尾芭蕉の有名な俳句です。

この俳句に、人の心をつかむための普遍的な法則が隠されていることに気づいたのは、嵐山光三郎さんの本『悪党芭蕉』（新潮文庫）を読んでいたときのことでした。

嵐山さんはこういいます。

「〝古池〟とは句を鑑賞する側の心の中にある池でもある。心の池である。そこへ、蛙が飛び込む。その音に人々ははっと驚くのである」と。

心の静寂に突然何かが飛び込んでくる。実は、これ、テレビ番組でよくやるつかみで効果的な方法と同じなのです。

この「古池の法則」は、衝撃映像を特集した番組などで多く用いられます。

いきなり衝撃的な映像を見せるのではなく、まずアザラシがのんびりひなたぼっこをしているのどかな海岸を見せる。その直後、シャチが突然、姿を現してアザラシを食べてしまう、というようなパターンです。

つまり「いったん静寂をつくっておいて、そこから一転する」、それを私は「古池の法則」と名付けています。

「古池の法則」でスルーされることはありません。静寂のあとに来るのは、何も衝撃映像である必要はありません。かわいいペットだったり、なんだかふしぎなものであっても構いません。大事なのは、勇気を持って静寂を意図してつくることです。

これはサプライズの変形バージョン、あえて「無」、トークでいえば「無音」を持ってくるというテクニックです。

ビジネスマンのプレゼンでも使えるので試してください。プレゼンでは緊張しているのか、いきなり早口で話し始める人も多いようですが、壇上に立ったら、まずあいさつし、次に勇気を持って、数秒ほど沈黙し、場内をゆっくりと見渡してみましょう。

この「間」で、聞き手の頭に「ハテナマーク」がいくつも並ぶ。そこで初めて、「これから〇〇の画期的なメリットについてご報告させていただきます」と本題に切り込んでいく。こうすれば、本題の話をしっかり聞いてもらえます。

「間」の目安はこんなところです。

- **3秒の「間」……呼吸を整えて、顔をあげるくらいの間。**
- **5秒の「間」……呼吸を整えて顔をあげ、聞き手とアイコンタクトするくらいの間。**
- **7秒の「間」……手元の資料を確認したり、パソコン画面を切り替えるくらいの間。**

これを目安に、長短の「間」を使いわけるようにしてみましょう。

最初は3秒の「間」から試して、徐々に長くしてみましょう。7秒の間がとれるようになれば、つかみの達人です。

スルーされない人

サイレント・間を生かしている。

スルーされる人

いつでもどこでもハイテンション。

つかみのルール ⑦

〝謎〟で始める

あえて、謎めいて話し始めることが
受け手の心をつかむコツなのです。

プレゼンのつかみを紹介しましたが、プレゼンだけでなく、あらゆるシーンでのつかみに共通する、大事な法則があります。それが「?・?（謎）の法則」です。これを覚えておけば、ビジネスやプライベート、あらゆるシーンで活用できます。

国語学者の石黒圭さんは、著書『よくわかる文章表現の技術Ⅱ』（明治書院）の中で、文章の書き出しのポイントとして、「情報の共有」とともに「情報の空白」が大事であるといっています。

「情報の共有」とは、最初に何について書き、何を伝えようとしているのかを明らかにし、そういう情報ならぜひ読みたいという共感を湧き起こす手法です。

このとき、わかりきったことが書いてあると読者はこの段階で先へ進むのをやめてしまいます。本なら、読まない。テレビならチャンネルを切り替えられてしまって終わり！

ふだんの会話やビジネスシーンでも、働く心理は同じです。

逆に、はじめは「これから何を語ってくれるのか、わからない」、つまり「謎＝情報の空白」をつくれば、「この先、どうなるの？」とかえって興味をそそられます。

私自身の体験です。２、３年前、

「朝、起きたら隣に知らない女のコが寝ていて驚いた」ことがあります。神に誓って、酔っぱらって、飲み屋で出会った女のコを〝お持ち帰り〟したわけではありません。

？？　なぜ？

続きを聞きたくなりませんか？

実は、スキーに行くために夜行バスに乗っていたのですが、ぐっすり眠り込んでしまい、朝、起きたとき、夜行バスに乗っていることをすっかり忘れてしまっていて、隣に女のコの寝顔があって本当にびっくりしたのです。

同じ話を、

「スキーに行くので夜行バスに乗っていたんだけど、仕事で徹夜明けだったんでぐっすり眠ってしまってね。翌朝、隣に知らない女のコが寝ているんでびっくりしちゃったよ。夜行バスに乗っているんだと思い出すまでの１、２秒、自分でも自分が信じられなくってね」

とすると、これではよくある話で、確実にスルーされるでしょう。

あえて、謎めいて話し始めることが受け手の心をつかむコツなのです。

ビジネスシーンではズバリ、結論から入ると聞き手の心をつかみやすいといわれています。その場合も、「なぜ、いま、その提案なのか?」、「なぜ、そう思うのか?」、「そんなことが可能なのか?」といった「??」を必ず残しておくようにしましょう。

スルーされない人

「謎」を含ませて話し出す。

スルーされる人

オチを先にいってしまう。

つかみのルール ⑧

相手の名前を呼んで始める

まず相手の名前で呼びかけてから
話し始める!
たったこれだけのことで人生が変わります。

この章の最後に、この本を閉じた直後から、誰でもできるつかみのテクニックをお話ししましょう。とても簡単ですが、効果は抜群。ぜひ、習慣にしていただきたいつかみです。
それは「相手の名前」をまず、口に出すこと。名前で呼びかけてから話を始めることだけ。
世界中で大ベストセラーのデール・カーネギーの『人を動かす』にも、「人に好かれる原則」として、

「名前は、当人にとって、最も快い、最も大切なひびきを持つことばであることを忘れない」

と名前の重要性を説いた一節があります。
まず相手を名前で呼びかけてから話し始める。たった、これだけのことですが、このつかみを習慣にすると、スルーされ続けてきた人生が大きく変わります。

スルーされない人　**最初に相手の名前を呼ぶ。**

スルーされる人　**そもそも相手の名前を覚えない。**

COLUMN

「話すとは〝放す〟ことである」

～自分を開放して話すと、聞き手は胸を開いて受け入れてくれる～

放送作家がどういう仕事であるかは本文中でも述べました。一言でいえば、「情報をどんなふうに料理するか、レシピを考える仕事」です。

もう少し詳しくお話しすると、番組進行の流れを考えて書く。ナレーションや司会者の言葉の原稿を書くほかに、新番組の企画を考えたり、担当している番組の会議に毎回出席し、ディレクターさんと新たな展開案を話し合ったり、煮詰めたり。

これまで、どんな番組を担当してきたかをご紹介すれば、

『推理バラエティー・誰もいない部屋』他（NHK）、『24時間テレビ』『ザ・ワイド』『全日本人文字コンテスト』他（日本テレビ系）、『世界ふしぎ発見！』『新世界紀行』『そこが知りたい』『はなまるマーケット』他（TBS系）、『めざましテレビ』『情報プレゼンター・とくダネ！』『報道2001』『FNS27時間テレビ』『なるほど！ザ・ワールド』他（フジ

テレビ系）、『スーパーモーニング』『ワイド！スクランブル』他（テレビ朝日系）、『ビートたけしの新・世界七不思議』『TVチャンピオン』他（テレビ東京系）……。

これらはほんのごく一部。単発ものなどを含めると、ちょっと書ききれません。

よく、「どうすれば放送作家になれるんですか？」というお尋ねを受けますが、私に関するかぎり、なんとなく。というより、流れに身を任せてきて、気がついたら放送作家を30年近くもやっていたということになるでしょうか。

放送作家になる前は落語家の修業をしていました。大学時代、三遊亭楽太郎（現・六代目三遊亭円楽）師匠とご縁ができ、その人柄に魅かれて弟子入り。師匠の師匠（大師匠といいます）、五代目円楽師匠に「中途半端はいけないよ」といわれたので、大学はきっぱりやめました。

しかし5年ほど修業をしたものの、自分より才能にあふれる弟弟子が入ってきたのをきっかけに、またまたきっぱりと落語家をやめてしまいました。

落語家をやめると申し出たところ、師匠が「飯のタネに」といって放送作家の事務所を紹介してくれたのです。

こんな経緯で放送作家になったいまも、私は円楽師匠を人生の師匠として仰いでおり、折にふれてさまざまなアドバイスをいただいています。

今回も、「伝え方・話し方の本を出版することになりました」と報告したところ、こんなアドバイスをいただきました。

「いいかい、〝話す〟ってのは〝放す〟こと、つまり、リリースすることなんだ。釣りでいうリリース。解き放つっていうのかな。自分の伝えたい思いを込めて解き放ち、相手に届ける……。これが話すこと、伝えることなんだな。

自分が心を閉ざしていたら放すことはできないだろ。まず自分自身を開くんだ。平たくいやぁ、自分の胸を開いて、思いのたけをぶつけるってことだな。

誰かに何かを伝える本を書くなら、そういう思いで書くことだね」

さすがに含蓄のある言葉です。こちらが心を閉ざしたまま、口先だけで伝えようとしているかぎり、いくら言葉を尽くしたって、伝えたいことの半分も伝わりゃしねぇよ、ということなのでしょう。

日本テレビ系の長寿番組『笑点』では〝腹黒キャラ〟として、大先輩の桂歌丸師匠に「ハゲ」とか林家木久扇師匠に「馬鹿」とか言い放っているわが師匠ですが、それでも憎まれることがありません。その理由は、もちろん、「ハゲ」「馬鹿」などといいながら、本心本音では先輩師匠たちをすごく尊敬していること、大好きなことが透けて見えるから。そして、同時に、自分自身も素っ裸になって〝腹黒キャラ〟を全開させているからでしょう。

先輩師匠たちも円楽師匠がかわいくて仕方がない。言葉だけ書き出せば、悪口雑言のやりとりのように聞こえる『笑点』が不動の人気を保っているのは、そこに常に、思いと思いの交換が行われていることが視聴者にちゃんと伝わっているからでしょう。

本当の自分を〝放す〟こと。これはコミュニケーションの原点といっても過言ではない。師匠の言葉がズシンと響いています。

〝放つ〟という師匠の言葉には、もう1つ、大切な意味が含まれています。それは〝放った〟言葉は、放たれた矢と同様にもう取り返しがつかないということ。感情に任せてつい口走ってしまった言葉でも、確実に相手に届いてしまうので注意しないととんでもないことになりかねません。

言葉を〝放つ〟ときには慎重なうえにも慎重に。いうか、いわないか迷うようなことはいわないほうが絶対にいい、と心に刻み込んでおきましょう。

最近はメールでのやりとりが増えていますが、感情に任せて書きなぐったメールも、送信のボタンを押した瞬間、確実に相手に届きます。そうなるともう取り返しはつきません。メールの送信ボタンは、爆弾のスイッチを押すような気持ちで押す。そのくらいの慎重さが必要です。

第3章

つかんで“離さない”ためのルール

さまざまな工夫やテクニックを駆使してがっちり相手を〝つかんだ〟ところまでは、大成功！　でも、コミュニケーションはここからがクライマックス。せっかく**〝つかんだ〟相手を離してしまわないようにしなければ、伝えたいことを十分に伝えるというコミュニケーション本来の目的を達成することはできません。**

テレビ番組も同じです。いくらつかみに成功しても、途中で「つまらない」とか「飽きた」とチャンネルを切り替えられてしまえばそこで終わり！　リモコンになってからは簡単にザッピングする人が増え、放送作家泣かせ……、いえ、放送作家にとってはますます腕の見せ所となっています。

テレビ番組では出演者のみなさんも、それぞれに「つまらない」と思われないようなテクニックを使って、視聴者を常に引きつけようとしています。

そのテクニックは、あなたが誰かに何かを伝えようとするときにも活用できるものです。つかんで離さないためのテクニック、それを「引き寄せテクニック」と名付けました。

ふだん、何気なく見ているテレビの世界で出演者たちがどんなテクニックで自分の話を面白く伝えようとしているのか、その秘密もわかります。

また民放の番組では本放送の間にCMが入るという宿命があります。CMは普通、番組の前後、および番組の途中に挿入される、『中CM』が何回かあります。とくに中CMが入っても、視聴者の心が離れないように伝えていく。これはなかなか厳しい課題です。

ちなみに、CMの放送時間は日本民間放送連盟の放送基準によって、たとえばプライムタイムならば「30分番組で3分」「60分番組で6分」を超えないようにと決められています。このCMタイムを通り越して、なお「心をつかみ続けていられるかどうか」。

私も長年、この課題と戦ってきました。この章ではそこから学んだ、引き寄せのテクニックをご紹介していきます。

引き寄せテクニック ①

わかりやすく例えて引き寄せる

面白い〝例え〟はスルーされない。
ふだんからTVのコメントや
思いついた言葉をメモしよう。

いまや、テレビのトーク番組には〝ひな壇芸人〟と呼ばれるお笑いタレントがズラリと顔を並べるのが定番になっています。なぜ、お笑い芸人がこんなに重用されるのか。その理由は、一にも二にも「例え」がうまく、その一言で番組がピシリと決まり、盛り上がるからです。

その達人の代表が「くりぃむしちゅー」の上田晋也さんでしょう。上田さんは、伝えたいことを、何かに例えて端的にいい切るセンスが抜群なのです。

たとえば、ある番組の中で海岸をえんえんと歩かされているとき。

「オレは伊能忠敬か！」

といい切ったことがありました。

「いつまで歩かせるのか」という不満を、17年にわたって海岸線を歩き続け、ペリーも驚いたというほど精密な日本地図を作った伊能忠敬に例えたのです。

絶妙な例えで本質を見事にいい表してしまうのです。

マツコ・デラックスさんも言葉の感覚がシャープで、とくに比喩の使い方は思わずうなってしまうくらい秀逸です。関ジャニ∞の村上信五さんとトークを繰り広げる『月曜から夜

ふかし』（日本テレビ系）で、ある日、村上さんが黄色っぽいスーツを着てきたら、すぐに食いついて、

「アンタ、関東ローム層じゃない！」。

この一言で、衣装の色が鮮やかな黄色ではなく、微妙な黄色であったことがズバッと伝わるのですから、うなります。

売れているタレントさんは、例外なく、比喩力に長けた人だといっても過言ではないと思います。

似ているようでいて、本質的に異なるものだということを表現するときにも、比喩は非常に有効。上田さんは、こういう例えも秀逸です。

「阿藤快と加藤あいぐらい違うよ」

「アン・ルイスと半ライスぐらい違うよ」

こういう言葉が速射砲のようにポンポン飛び出してくるのです。

いろいろな番組の司会に重宝されるのも、上田さんに天才的な例えが脊髄反射のように

飛び出してくる才能があるからです。

仕事のほとんどはコミュニケーションをベースに成り立っています。どんな職種でも、上田さんのような抜群の「例え力」を持てば成功率は飛躍的にアップできるでしょう。

営業先から帰ってきたときの報告でも、上司に命じられてアタックした新しい取引先が提示してきた条件があまりにシビアで現実離れしていたとしましょう。

「いやあ、先方の態度があまりに硬くて、まったく話になりませんでした」

と報告すれば、上司は内心、

「お前のアプローチが甘いんじゃないか」

と思い、あなたに×マークをつけてしまうかもしれません。これが、

「課長、○○社のT女史はかぐや姫！　なんです。無理難題ばかりいうんですよ」

といえば、上司は、

「かぐや姫か。コイツ、うまいことというなあ」

と感心するだけでなく、○○社のT女史に対しても魅力を感じ、新たな攻略法を考えて

みようと前向きになるでしょう。前向きな報告を持ってきた部下を、上司は決してマイナス評価はしないものです。

例えがうまいかどうかは、あなたの評価を百八十度変えてしまうこともあり得るのです。

「例える」＝比喩には直喩《ちょくゆ》と隠喩《いんゆ》の2種類があります。

直喩はある事柄をよく似ているほかのものに例える方法です。

直喩の代表的な表現方法は、「××は○○のようなものである」という表現です。

「××」には漠然としている伝えたいことや専門的すぎて伝わらないことを入れます。「○○」には、それを、わかりやすく何かに例えた言葉を入れます。このときは、「××の〝本質〟とは何か」、「××と同じようなもので身近にあるものは何か」と発想を広げ、最適な言葉を当てはめます。要するに、伝えたいことの本質を見極め、それから、同じもの、あるいはよく似た本質を持つ別のものを探し出して、言葉を組み立てればよいのです。

「盆のような月」「太陽のようなひまわり」「虹のようにカラフル」などは直喩です。

いっぽう隠喩は、例えの形式をはっきり示さずに例える方法です。

直喩では「～のような」を伴いますが隠喩では「～のような」は省きます。たとえば「君は太陽のように僕の心を照らす」といえば直喩ですが、「君は僕の太陽だ」といえば隠喩。前出の例の「○○社のT女史はかぐや姫」は隠喩です。

くりぃむしちゅーの上田さんは、この隠喩の天才！　です。


コミュニケーションテクニックとしては、隠喩のほうがずっと高度です。

お笑い芸人さんたちのほとんどは常に「ネタ帳」を持っていて、ふっと浮かんだ表現を素早くメモしたり、その比喩からどう展開していくか、などをこまめにメモしています。

天才的な才能の持ち主と思われるくりぃむしちゅーの上田さんもネタ帳を持っていて、陰では隠喩のネタを書き留めているのかもしれません。


私もカバンにはいつもネタ帳ならぬメモ帳を入れています。主に、新しい企画を思いついたり、面白い表現が浮かんだときなどに、素早くメモしたりしています。これ、いけるかなと思う表現には「例え」、とくに隠喩が含まれていることがよくあります。

スルーされることが多い人は、芸人さんを見習って、**ふだんから言葉や表現のメモを取る習慣をつけること**をおすすめします。

また、毎日の仕事や暮らしの中で「これって、まるで×××みたいだよなあ」と思ったりすることがあるでしょう。そんなときは、すかさずメモするようにしましょう。

メモを取り始めると、言葉に対する関心が高くなり、「いいな」と思う比喩に敏感に気づくようになっていくものです。

テレビを見るときも、芸人さんのトークにただお腹を抱えて笑っているだけでなく、「このコメント、うまいなあ」と思ったら、すぐにメモすると記憶に残ります。

さらに、ちょっとした空き時間などにこのメモ帳をパラパラ開いて書きためた言葉や表現を見直してみる。こうしているとメモ帳の言葉が頭にインプットされ、知らず知らずのうちに「例え力」が磨かれていき、驚くほどスルーされることがなくなっていくはずです。

プレゼンや会議など、とかく硬い表現が続くような場で、このメモを役立て、ズバリと一言で見事に表現すると、人の心をパッととらえることができるだけでなく、「あいつ、プレゼンがうまいなあ」と評価もアップ。「なかなか、使えるヤツかもしれない」と、新たなチャンスがあるかもしれません。

スルーされない人

「例え力」を磨くため、メモを取っている。

スルーされる人

「例え力」がない。磨いてもいない。

引き寄せテクニック②

イメージが広がるように伝える

「視覚」「嗅覚」「触覚」「聴覚」「味覚」の五感をフルに使って表現する。

人は五感を持っており、ふだんも五感をフルに使って生活しています。ですから、**相手の五感に訴えかけるような伝え方でなければ、心をつかむことはできません。**

五感に訴えればなぜ相手をつかめるのか、それは相手にイメージが広がるからです。

五感を使って伝えようとしているかどうかの違いがはっきり出るのがグルメレポートです。たとえば、ある有名パティシエが作ったレアチーズケーキを食べて、

「うん！　ほどよい甘さで、とても美味しいですね。なんだろう、こんな美味しいチーズケーキ、いままで食べたことなかった、すごく美味しい！」

とレポートする。これでは一般的なレアチーズケーキの特徴や、自分の体験をものさしに評価しているだけで、視聴者にそのパティシエならではの美味しさは伝わりません。レポーターのチーズケーキ歴なんて視聴者は「知ったこっちゃない」のです。

もう1人のレポーターは、

「わあ、デコレーションが素敵！　白いベースにスミレの砂糖漬けのアクセントがかわいいですね。一口、いただきますね。……感触がまろやかでしっとり、奥行きのある甘味で

すね。レモンのさわやかな香りが鼻に抜けていきます」

と見た目、口あたり、美味しさ感から香りまで表現します。

どちらも同じ、10秒ほどのコメントですが、その差は歴然です。

この2つのコメントはセンスや表現力ではあまり違いはありませんが、2番目の、いかにも美味しそうなレポートは五感をフルに動員して伝えようとしています。


五感に訴える表現は、とくにグルメレポートでは大事です。「味」はきわめて複雑で、多様な感覚が絡みあい、交じりあった総合的なものだからです。「味覚」だけでなく、「視覚」「嗅覚」「触覚」「聴覚」も加えた「五感」で表現しなければ、美味しさはうまく伝わらないのです。

〝香ばしい〟、〝芳醇な〟、〝香りが鼻に抜ける〟などで「嗅覚」を刺激する。〝ぷりぷりとした〟、〝さくさくした〟、〝なめらかな〟、〝ねっとりとした〟というような表現で「触覚」を刺激する。

〝心に響く味〟という言葉は「聴覚」に訴える表現になるでしょう。

また「ジュワーッと肉汁がにじみ出てくる」「完熟ですね。触れただけで果汁がほとばしり出てきそう」「キンキンに冷えたビール」などと聞いているだけで目の前にある食材のイメージが伝わってくるような表現をシズル感がある表現といいます。

シズル感とは広告業界などでよく使われる言葉で、もともとは、食べものなどの新鮮さ、みずみずしさ、焼き立てなどの臨場感がストレートに伝わってくるような表現をいいます。話にこうしたシズル感があるかどうかも、スルーされないトークの決め手になります。

たとえば、誰かの話に「いいお話でした」とストレートな感想を述べるより、**「心に刺さりました（触覚）」「心に響きました（聴覚）」「光が射したように心が明るくなりました（視覚）」**など、五感に置き換える習慣をつければイメージが膨らみます。

スルーされない人

五感をフルに動員している。

スルーされる人

味ならば味覚だけのように五感を使っていない。

引き寄せテクニック ③

描写して伝える

映像や音声、さらには香りや味、
肌触りなどをありありと
イメージできるように描写する。

前述のように、人は五感を通して外界から情報を得ていますが、その**情報の実に83%までを視覚を通じて得ているといわれています。**ちなみに、聴覚は11%、嗅覚が3・5%、触覚が1・5%、味覚が1%だそうです。

テレビはその視覚に訴えるので有利なメディアですが、ほかのシチュエーションでも、できるだけテレビ的、いうならばビジュアルに訴える伝え方を工夫してみましょう。

プレゼンならタブレットなどでサンプルやデータを「見せながら」伝える。営業活動でも同様です。

直接、ビジュアルで見せるのも効果的ですが、相手の頭の中に映像を浮かべさせるのはより効果のある、高度なテクニックです。

スルーされない、面白い話をする人の体験談などを聞いていると、その情景が頭に浮かぶようで、ワクワクしてきます。それは相手の頭の中に映像を「浮かばせて」いるからです。

「〝驚いた〟と書いたら小学生の作文だよ」

こういったのは、早稲田大学で、小説家をめざす文学部の学生に小説作法を教えていた芥川賞作家の三田誠広さんです。

三田さんは、ほかにも〝孤独〟〝愛〟〝希望〟〝絶望〟といった言葉を小説に使ってはならない、と説いています。ありきたりの言葉ではなく、自分なりの言葉で「描写」し、表現することこそが文学なのだというのです。

「描写」が大切なのは文学の世界だけではありません。

「伝え方」のうまい人も、自分の伝えたいことを決まりきった言葉ではなく、自分なりに「描写」して伝えることに長けています。

映画を観た感想ひとつでも、ただ、「よかった」「衝撃を受けた」というのではなく、**「しばらく席を立てなかった」とか「映画のあとのランチが喉を通らなかった」**などのいい回しで情景を想像させるのです。

ただ、「感動した」「怒った」「うれしかった」「がっくりした」といわれても受け手の頭に映像は浮かびません。しかし、**「握りしめた拳が震えた」「思わず飛び上がってしまった」「しばらく顔を上げることができなかった」**といわれれば、映画のシーンのような映像が頭に浮かびます。

映像や音声、さらには香りや味、肌触りなどをありありとイメージできるような描写を織り交ぜながら伝えると、いっそう相手の心に深く届き、スルーされません。

スルーされない人の話は、まるでスクリーンに映し出される映画のように、引き込んでしまう力があります。

ふだんから、単純な言葉で表現するのではなく、自分なりの感性で映像が浮かぶような言葉を使って〝描写〟するようにしてみましょう。

スルーされない人

描写することで相手の頭に映像を浮かべている。

スルーされる人

描写しないで相手の聴覚しか刺激していない。

引き寄せテクニック
④

レトリックを駆使して伝える

「擬人法」「擬物法」「誇張法」などを使ったトークで相手を引き込んでいく。

直喩、隠喩は「レトリック」と呼ばれるもののひとつです。このレトリックがうまいかどうかは、話が面白く、ついつい引き込まれてしまう人とスルーされてしまう人を分ける、最大の要因といっても過言ではないくらいです。

レトリックとは、古代ギリシャで生まれた、「剣ではなく、言葉で戦う技術」のこと。本来は説得の効果をあげるために言葉や文章の表現方法を研究することをいいます。

一言でいえば**「ものはいいよう」「言葉のあや」**ということになるでしょうか。

レトリックを身につければ、伝え方のスキルは格段に上達し、スルーされることがなくなります。

「レトリック」の中で日常、よく使われるのは擬人法と擬物法、誇張法です。

＊擬人法「無生物を人間に例えて誇張して伝える方法」

例「空が泣く」「海が呼んでいる」「PCの機嫌が悪い」など

くりぃむしちゅーの上田さんは、緊張のあまり体を激しく動かしているゲストに向かって**「大雨のときのワイパーか！」**といったことがあります。もちろん、大爆笑が起こったのですが、その瞬間、ゲストは落ち着きを取り戻したのですから、お見事です。

＊擬物法「人間を人以外のものに例えて誇張して伝える方法」

例「彼は大黒柱」「彼女はウサギ、淋しいと死ぬ」など

ダウンタウン・松本人志さんは、子供のころ、保母になりたかったという和田アキ子さんに、**「え？　保母さんになりたかった？　ジャングルジムじゃなくて？」**といって、大受けしたことがあります。

＊誇張法「物事を過度に大きく（小さく）表現する方法」

例「山のような仕事」「血の海」「ノミの心臓」など

これもダウンタウン・松本さんの例。松本さんは、身長１９３㎝のコブクロ・黒田さんに向かって、**「これ以上いったらもう高山病になってしまうよね」**と一言。

誇張法の達人が、上沼恵美子さんです。上沼さんが以前レギュラー出演していた『バラエティー生活笑百科』（NHK）で披露している、いわゆる「金持ちホラネタ」も誇張法の極致として聞き手をつかみ、確実に笑いを取っています。たとえば、**「実家が大阪城」「財産目録が2年たってもまだ10分の1しか書けていないんです。大阪城、琵琶湖、金閣寺……」「通天閣はわが家の物干し」**など、ベタですがつい笑ってしまいます。

気をつけて聞いていると、伝え方が面白い人はこうしたレトリックを上手に交えながらスルーされない話し方をしていることに気づきます。

スルーされない人

言葉で戦うためのテクニックを知っている。

スルーされる人

「ものはいいよう」であることを意識していない。

引き寄せテクニック ⑤

ストーリーを意識して伝える

人を動かすための
人類最古の道具がストーリー。

テレビドラマには必ずストーリーがあります。サスペンスものなら、手に汗握るような緊張感に満ちた展開。ラブストーリーなら、主人公の愛の行方を息を詰めるようにして見守る、という具合にです。

人はストーリーのあるものには、最後まで見届けたいという気持ちが働きます。ですから、ドラマは2時間でも視聴者を引き寄せ続けることができるのです。

では、ドラマ以外の番組では長時間、視聴者の心を〝つかみ〟続けることはできないのでしょうか。

もちろんそんなことはありません。つまらない（失礼！）ドラマ以上に視聴者の心をつかんでいる、つまり、高い視聴率を獲得する番組はいくらでもあります。

ニュースやドキュメンタリーは情報が本物、リアルであるだけに、伝え方しだいでは、番組が終わるまで、視聴者の目をくぎ付けにしてしまう番組も珍しくありません。

視聴者の目をくぎ付けにしてしまうか。途中で飽きさせてしまうかどうか。そのカギを握っているのは、ストーリー性を持たせた伝え方をしているかどうか。その一点だといっても過言ではありません。

マイクロソフト、ＩＢＭ、ＮＡＳＡなどをクライアントに持つアメリカ有数のコンサルティング会社の創業者、アネット・シモンズはその著『プロフェッショナルは「ストーリー」で伝える』（海と月社）で、こう述べています。

「あなたが人を動かせるかどうかは、あなたがなにを言うかではなく、どのように語るか、そしてあなたがどういう人間かにかかっている」

そして、**人を動かすための人類最古の道具が「ストーリー」だ**ともいっています。

ストーリーといっても、おとぎ話や昔話のようなものだけでなく、人が絡んでいて、その人の上に起こったことを伝えれば、それはもうスルーされないストーリーなのです。

交通事故のニュースを例にすれば、

「○月○日、××地点で自動車の玉突き衝突事故があり、負傷者が▽人」

最初にこうしたフレームを伝えますが、続けて、「免許取り立ての18歳の青年が含まれていた。運転免許を取ったお祝いに、おじいちゃんが孫に車を買ってあげ、その車に祖父母を乗せて初ドライブの途中だった」というような詳報を伝えれば、ストーリー性が生まれ、このニュースは聞き手の心をぐっとつかみ続けるでしょう。

事実をストーリーに変えるのは、とても簡単。この交通事故の例のように「人間を描く」だけです。新製品の発表であれば『プロジェクトX』のような開発チームの人々の苦労を挿入するだけで人の心を動かせるストーリーになります。

また機械などの無機物についての話だって先ほど紹介したレトリックの「擬人法」を使うことでストーリーにできます。**「パソコンの調子が悪い」といえば単なる事実ですが、「パソコンのご機嫌が悪い」と擬人化するだけで言葉の温度が高くなるのです。**また**「チッ、パソコンがフリーズした」**と舌打ちするとただの嫌なやつですが、**「パソコンが金縛りにあったー！」**といえば**「おもしろいやつ」になれます。**

スルーされない人
話にストーリー性を持たせている。

スルーされる人
事実をありのままに話しているだけ。

引き寄せテクニック⑥

ザイガニック効果を利用する

人間の脳や潜在意識は
中途半端な状態を嫌う。
「どうなるんだろう。先が気になる！」
と思わせる。

ザイガニック効果とは「未完結な情報や中断された情報は記憶に残りやすく、反対に完結している情報は忘れやすい」という記憶をめぐる人間の性質のこと。**簡単にいえば、「人は完成したものより、未完成のものに強い興味をいだく」ということです。**

このザイガニック効果、テレビ番組では毎日、使われています。

民放でいいところまで見せておいて「衝撃の結末はCMのあと！」。このナレーションは、まさにザイガニック効果の応用。『世界ふしぎ発見！』でも、クイズを出しておいて解答者が答えたあと、「正解はCMのあと！」でコマーシャルをまたぐというパターンが定番になっています。

「どうなるんだろう。先が気になる！」と視聴者にある種の渇望状態を、制作者サイドが意図的に作り出しているわけです。

人間の脳や潜在意識は中途半端な状態をとても嫌います。物語なら「エンディング」を知りたい。謎があれば「答え」を知りたい。推理小説なら「犯人」や「犯行の動機」などを知りたい。議論や論争があれば「結論」や「決着」を知りたくなる。

このザイガニック効果を仕事や生活に戦略的に役立てましょう。

ちなみにザイガニックとは、この人間の本質的な意識の働きを発見したソ連（現・ロシア）の心理学者の名前 Zeigarnik ツァイガルニックを英語読みしたもの。Zeigarnik effect を「ツァイガルニック効果」と紹介している本もあります。

ツァイガルニック氏は、レストランで人間の記憶をめぐる実験を行いました。ウェイターは「まだ料理を届けていないテーブルには、何を届けるべきか」については完璧に記憶している。ところが、届け終わると、ほぼその瞬間に「どんな料理を届けたのか？」は忘れてしまう。こうしたことから、以下の結論を導き出したのです。

「未完の課題についての記憶は、完了した課題についての記憶より想起されやすい」

そういえば私も台本を書き終えた瞬間に、読んだ資料の9割は忘れます（笑）。

このザイガニック効果を利用して、フェイスブックの投稿記事をスルーされずに、より多くの人に読んでもらうことも可能です。

フェイスブックの投稿記事は、７回以上の改行が含まれるとき、または、全文字数が７００字を超えるときは７行目に「続きを読む」が表示され、そのあとは「続きを読む」をクリックしないと見ることができません。

こういうときも、６行目に「するとびっくり、そこで〝ある〟人とばったり出会ったのです！」とか「そこには〝ある〟秘密があったのです！」など、〝ある〟という言葉を入れた文章を入れると、ザイガニック効果で、読んでいる人は続きを読みたくなる。つまり、最後まで読んでもらえ〝いいね！〟も増えるはずです。

スルーされない人

先が気になる伏線を入れている。

スルーされる人

「その先が気になる」と思わせられない。

引き寄せテクニック
⑦

“フック”をかけ続ける

聞き手の頭に「？」（何）を浮かばせ
そのあとに「！」（なるほど）を続ける。
これを繰り返し行うと
ぐいぐい相手の気持ちに入っていく。

単に「つなぎとめる」だけの小細工をしても、相手の心に深く伝えることはできません。**「本当に伝えたいこと」を伝えていくには、ネジクギをねじ込んでいくように、導入でつかんだ相手の心にさらに深く、ぐいぐい入り込んでいく必要があるのです。**

その最も大事な要素が**話の要所要所に〝フック〟をかけておくことです。**

〝フック〟とは鉤《かぎ》（引っかけるもの）のこと。話や情報でいえば、「ここ、なんか引っかかる！」という印象を与えながら、話を進めていくことをいいます。

いちばん効果的なフックは、聞き手の頭に「？」を浮かばせる方法、これもザイガニック効果の応用です。

具体的にいえば、「実は」という言葉が、その代表。

「なぜ、ダ・ヴィンチはモナ・リザを2枚描いたのか？　実は、そこには……」

という展開法です。日常会話なら、「きのう、六本木を歩いていたらすごい人だかりがしていたのよ。実は、その行列の先にはね」とあえて、ここで一呼吸入れる。すると、聞き手はその先を聞きたくてウズウズしてきてしまうのです。

新製品発表会などなら、「今回の新製品はかつて誰も考えつかなかったような発想から生まれたものです！　それは実は……」と最初にぶちあげれば、会場を埋めるメディアたちは、「いったいなんだろう?」と特大の「?」マークを頭に浮かべ、新製品の正体が明かされる瞬間をいまかいまかと待ちこがれるでしょう。

〝フック〟をかけながら「伝える」方法は、聞き手にとっても心地よく聞こえます。

脳は神経細胞どうしが触手をのばしあって、ネットワークを形成しています。情報はこのネットワークを経由して伝えられるのですが、情報にフックがかかっていると、ネットワークの網の目に情報が引っかかる感じになり、頭に入りやすく、忘れにくくなるのです。

この脳の動きを記号で表すと「?→!」となります。「?」は「なぜ」とか「果たして」とか「どのようにして」「どこで」「誰が」などと、疑問を直接、喚起させるものでなくても構いません。

たとえば、「大事なことは3つある」と始めれば、受け手は「何と何と何なんだ?」という「？」が頭に浮かぶし、「××に私は反対だ」と始まれば、受け手の頭には「なんで反対だ？」という「？」が浮かびます。頭に「？」が浮かんだそのタイミングで「！」を続けるのです。

たとえば、『きょう、××という映画を観て、感動した』とブログに書いても何の面白味もありません。でも、このブログも「？→！の法則」を使えばこうなります。

『きょうは感動した。××という映画を観たのだ』

と置き換えるだけで、受け手の心に「何に感動したんだ？」→「なるほど、感動する映画を観たんだ！」とフック、引っかかりが生まれます。

そこで、『感動したのはこれこれこういうストーリーだったからだ』と続ければ、受け手の心は「なるほど」と動き、得心し、心が落ち着きます。

さらに『このストーリーには、ある映画と共通する秘密があった』などと言葉を続けると、受け手は「どんな映画だろう？」と頭の中にまた「？」を浮かべるでしょう。

そこで、『この映画はかつての名画「×××」と意外な共通点があったのだ』とつなげれば、受け手は「なるほど。で、その意外な共通点とはなんだろう？」と、またまた疑問を持ってくれる。それを話の始まりから終わりまで、絶えず繰り返していくのです。

こうしたやりとりは、まさにスルーの対極。ぐいぐい受け手の気持ちに入っていく対話に他なりません。

受け手が「なんで?」「どういうこと?」と引っかかった次の瞬間に、その疑問に答える。この絶妙なやりとりを繰り返して対話を進めていくうちに、「本当に伝えたいこと」がネジクギのようにしっかり相手に食い込んでいき、読者や視聴者と心が通い合った深いコミュニケーションになっていくのです。

スルーされない人

話に〝引っかかる〟ところがある。

スルーされる人

話に〝引っかかり〟がない。

使える（かもしれない）〝例え〟集

!!!

・空回りしている人に ⬇

「雪の日のノーマルタイヤか」

!!!

・イエスばかりのイエスマンに ⬇

「高須クリニックか」（イエス！　高須クリニック）

!!!

・夢みたいなことを語る人に ⬇

「長澤まさみからプロポーズされるくらいありえないだろ」

!!!

・前置きが長い人に ⬇

「AV冒頭のインタビューくらいまどろっこしいよ」

!!!

・スルーされたときに ⬇

「聞き流すなよ、スピードラーニングか」

!!!

・もどかしいときに ⬇

「玉置浩二くらい、じれったいよ」

!!!

・話が飛躍する人に ⬇

「今、東京からブエノスアイレスくらい話が飛ばなかった？」

!!!

・基本的なことも知らない人に⬇「それ受身知らずに柔道するみたいなもんだよ」

!!!

・ギャップを感じたら⬇「女子高生のプリクラと実物くらいギャップがあるよ」

!!!

・信用できない話に⬇「ツボ持って近づいてくる美人くらい信用できないよ」

!!!

・口に泡をためている人に⬇「カニか！」

!!!

・後ずさりする人に⬇「エビか！」

!!!

・会社の廊下でうしろから声をかけてくる人に⬇「ポン引きかと思ったよ」

!!!

・カタカナ語を連発する人に⬇「ルー（大柴）か」

!!!

・周囲から浮いている人に⬇「スラム街に迷い込んだデビ夫人くらい浮いてるよ」

!!!

・普段、おバカな人に意見されたときに⬇「ガッツ石松に論語を教えてもらったようだ」

!!!

・深くていい話を聞いたときに⬇「マリアナ海溝くらい深いね」

!!!

・ジャンケンでグーしか出さない人に⬇「ドラえもんか！」

!!!

・ジャンケンでチョキしか出さない人に⬇「バルタン星人か！」

!!!

・ジャンケンでパーしか出さない人に⬇「俺は手相占い師か！」

!!!

・ボールペンで書いてこいといったのに鉛筆で書いてくる人に⬇「弘法大師か！　筆を選べ」

!!!

・「我々は……」が口癖の人に⬇「宇宙人か！」

!!!

・変な問答しかけてくる人に⬇「一休さんの将軍か！」

‼!
・必要もないのに手をあげる人に
⬇
「笑点か！」

‼!
・電車の座席を横一列占領して下らないことを話している人たちに
⬇
「あいつら笑点か！」

‼!
・話しかけても返事しない人に
⬇
「芳一か！」

‼!
・髪の毛が残り少なくなった人に
⬇
「オーヘンリーの最後の一葉か」

‼!
・残り少ない髪を大事にしている人に
⬇
「それ落ちたら誰か死ぬの？」

‼!
・空腹でお腹を鳴らしている人に
⬇
「ゴロゴロ鳴ってるけど腹に猫いるの？」

第4章

また会いたいと思わせる話の締めくくり方

ここまで見たように相手を〝つかみ〟、つかんだ心を離さないようにして何かを伝えるのは何のために、でしょうか。

端的にいえば、**「関係性を構築し、それを継承していくため」**。

プライベートでもビジネスでも出会いの1回きりではなく、その関係性を長く続くものにしたい。誰もがそう願っているでしょう。

そのためには、最後に、

「ぜひ、また会いましょう」

「ぜひ、また、お話を聞きたいですね」

と思ってもらわなければなりません。そう思ってもらって初めて、そのコミュニケーションは完結した、成功だったといえるのです。

テレビでは、とくに「来週もまた見てもらえる」ことが大事です。

『世界ふしぎ発見！』もそう。「ふしぎの舞台」は毎回、変わります。たまたま新聞のラジオ・テレビ欄を見て、「あ、きょうは、『ナポレオンの初恋』をやるのか。面白そうだな」と思い、放送を見たらすごく面白かった。来週も見てみようと思ってもらえ、次の週も、また次の週も見てくれた……。視聴率は基本的に、こうして毎週、スルーすることなく見てくれる視聴者によって支えられています。

毎週、欠かさず見てくれる視聴者がいれば、視聴率はあるレベルに安定し、1回1回の多少のアップダウンはほとんど問題になることがありません。

ビジネスの関係も同じでしょう。最初はどんな場合も〝一見《いちげん》さん〟として出会います。初回の印象が好印象ならば2度、3度と会う機会が増えていき、その結果、気がつくと、おたがいがかけがえのないビジネスパートナーになっている。

そんな関係性をめざすためにも、最後に「また会いたい」「また、ぜひ話を聞きたい」と思ってもらえるように話を締めくくるようにしなければなりません。

そこまでできて、初めて、思いを完全に伝えることができたといえるのです。

この章では、「また、会いたい」「また、ぜひ話を聞きたい」と次へとつながるコミュニケーションの締めくくり方、まとめ方について考えていきましょう。

まとめ方のコツ ①

トークや共感をもう一度レビューしてから、話を締める

人間はきわめて忘れやすい動物です。対話の最後にきょう、何を話したかをざっと振り返る。

「きょうは本当に楽しかった。『タワー・オブ・テラー』はちょっと怖かったけど、でもスリリングでエキサイティングだったし、『タートル・トーク』はもう面白くって！　でも、なんといっても『ヴェネツィアン・ゴンドラ』が最高だった。ロマンティックで夢みたいだった……。いつか、ヴェネツィアに行って本物のゴンドラに乗ってみたいなあ……」

ディズニーシーデートの帰り道、こんなふうに、今日一日のハイライトシーンを思い出しては夢中になって話す彼女を見ていると、あらためて今日のデートは大成功！　だったと実感できて、深い満足感がこみ上げてくるでしょう。


トークやプレゼンなどでも同じ。話のまとめに入る前に、いままで話したことをもう一度、ざっくりレビュー（おさらい）するとよいのです。


人の記憶は、意外なくらいはかないもの。

ドイツの心理学者エビングハウスの「忘却に関する研究」によれば、人は20分後には42%を忘れ、1時間後には56%を忘れてしまうそうです。

もっとも、これは「無意味な音節をランダムな順番で聞かせ」、特定の時間経過後に、記憶を再生させたもので、意味のある言葉や情報を聞いた場合は、記憶の歩止まりはもう少しよくなるそうです。

いずれにしても、人間はきわめて「忘れやすい動物」だということです。

そのあやふやな記憶を定着させるには、忘れてしまわないうちに記憶を再生し、記憶の上書きを行うことがベスト!

対話の締めに、今日、何を話したかをもう一度、ざっと振り返ると、今日の打ち合わせやトークがもう一度、鮮やかによみがえり、同時に、大いに盛り上がり、心が通い合ったことなども鮮明に思い出します。

話の最後が、こうした鮮やかな記憶や満足感であれば、誰でも当然、もう一度、こんな時間を持ちたいと願うでしょう。

そんな思いが湧いてきたら、思いが熱いうちに、

「次は、今日の企画案を、別の角度から切り込んでみてはいかがでしょう。私どもも、新たな展開案を考えてみますから」

といえば、相手も、

「そうだなあ。それでは、２週間ほどあとに、次回の打ち合わせをしましょうか」

と具体的な日程まで約束してくれるかもしれません。


テレビドラマでも、番組の終わりのエンディングロールに重ねて、その日のハイライトを何シーンか次々映し出すことがあります。

こうしたレビューに続いて、次週の予告へとつないでいけば、視聴者は、次回も絶対に見逃せないなという気持ちになってしまうでしょう。

「また、見たい」という気持ちを持ってもらい、視聴率を確保するには、こんな努力が行われているものなのです。

スルーされない人
締めにレビューすることを忘れない。

スルーされる人
レビューしないまま、話を終わらせている。

まとめ方のコツ ②

「宿題」を出して、話を締めくくる

「宿題」をつくることで
相手に次回があることを
既定の事実のように思い込ませる。

宿題？

ふだんのコミュニケーションに「宿題」なんてあるのだろうか？　とキョトンとする人もいるでしょう。でも、気がついていないだけで、ふだんからけっこう、宿題を出したり、出されたりしているものです。

会話の途中で、

「漱石が落語のファンだったってこと、ご存知でした？『吾輩は猫である』の文体は明らかに落語の影響を受けたものだと書かれた本もあるそうですよ」

「へえ、面白そうですね。なんて本？」

「あ……、ちょっと思い出せません。すみません。今度、調べてきますね」

これ、明らかに「宿題」じゃありませんか。

このように、次までには「○○してきましょう」というと、「今度」があることはもう既定の事実のような〝錯覚〟が生じます。その〝錯覚〟を逆手にとって、初めての出会いで、次につながるかどうかわからないような場合でも、自社製品の1つに相手が

ちょっと関心を示した様子を見逃さず、

「あいにくきょうは、それに関する詳しいご案内を持っていないのですが、次回は御社の仕様に合う型番のデータをお持ちいたします」

といってしまう。いわば、自分で自分に宿題を出す。そして、次のアポの可能性をつくる、というビジネス戦略もよく使われるそうです。

〝宿題〟があると、相手もなんとなく次回が楽しみになってくるもの。そうした気持ちがさめないうちに、

「先日、ちょっとお話に出た例の件……、詳しいことがわかりましたので、明日あたり、ちょっとお伺いさせていただいてもよろしいでしょうか」

と次のアポ取りを進める、というわけです。

こうして「次回」があることを既定の事実のように思い込ませて、何回も会ったり、メールアドレスを交換するなど接触の機会を増やすと、その機会が増えれば増えるほどに比例して、相手に対する好意や好感度が上がっていく、という法則があります。

何度も見たり、聞いたりしていると、しだいによい感情が起こるようになってくるという心理的な動きは「知覚的流暢性誤帰属説」といわれるもので、アメリカの心理学者ロバート・ザイアンスが論文にまとめているところから「ザイアンスの法則」とも呼ばれています。

ちなみに、漱石作品を分析しながら、漱石がどれほど落語好きであったかを〝証明〟している本は『漱石と落語』（水川隆夫著／平凡社ライブラリー）です。

スルーされない人

宿題を出して、次回につなげる。

スルーされる人

宿題を出さずに、それっきり。

まとめ方のコツ ③

出発点に戻って話を締めくくる

話の最後にもう一度、始めに戻ることで、
相手と過ごした時間の間に
共通理解が高まる。

初めてのデート。連れていってもらったのはこれまで行ったことがないところ。意外性十分で面白く、雰囲気も素敵でエンジョイできた……。でも、「じゃあ、ここで」と、その日のデートはそこで終わり、だとしたら、「ええっ？　何なの、これ」と茫然としてしまいますよね。せっかく楽しかった気持ちもたちまちさめてしまうでしょう。

いっぽう、自宅まで送ってきてくれれば、相手に対する好意はデート中よりもいっそう高まるのではないでしょうか。

話も同じです。聞き手を「自宅」まで送るのがマナーだと心得ましょう。

話をする場合の「自宅」ってどこ？　それは、話のスタート地点。

もう一度、話を始めたところまで戻って終わるようにすればいいのです。

言語学者で京都大学名誉教授の渡辺実さんは『応用言語学講座・第一巻』（明治書院）の中で、「スタートに戻る形で終わるのが最も快い終結である、とはいえるだろう。文章はそれで輪を成して、自ら閉じた姿となるからである」と書いておられます。

たとえば志賀直哉の『城崎にて』は脊椎カリエスの話題で始まって、脊椎カリエスの話題で締めくくられます。また『世界ふしぎ発見！』でも「きょうのふしぎの舞台はニューカレドニア、ここは天国に一番近い島……」と始まって、「自然と共に暮らすニューカレドニアの人々、やはりここは天国に一番近い島でした」で締めくくるパターンが定番の一つです。テレビ番組のナレーションでも、最後に締めの一言が必要なときがありますが、そうしたときはサブタイトルでも、冒頭の文章でもいいからスタート地点に戻ると、きれいにまとまります。長い文章を書いていて、締めくくりに迷ったら書き出しに戻ってみることをおすすめします。

私は、スタートに戻るといっても、出発点とまったく同じレベルではなく、その少し上に戻るほうをおすすめしたいと思っています。

らせん構造を思い浮かべてください。ぐるぐると同じところを回っているようでいて、着実に上がっていく。この構造は物事が進歩するときの理想的な形だとされています。

らせん構造は、上から見ると、ぐるっと一回りして元のところに戻ってくる。でも、横から見ると、戻ったところは元よりも「より高い」ところに進んでいる。つまり、いちばん安心感がある「進み方」だといえるのです。

話の締めくくり、クロージングもこのらせん構造をめざしましょう。

話の最後にもう一度、ちょっとだけ、話のはじめに戻って終われば初心に戻ることができ、さらに相手と過ごした時間の間に確実に共通理解が高まったことも確信できます。

この確信は、相手と過ごした時間、その間のコミュニケーションによって何らかの成果があったことを示すもので、聞き手はスルーどころか大きな満足感を得るのです。

深い満足感を得られるような関係性は必ずや、「また、会いたい」「また、話を聞きたい」という思いを揺さぶるものになるでしょう。

『世界ふしぎ発見！』も最後は必ずスタジオのシーンで終わります。謎を探す旅に出て、いくつもの知識を得て自分が高められ、しかもわが家ともいえるスタジオに戻ってくる。

やはり、らせん構造になっていることに着目してください。

スルーされない人

もう一度出発点に戻って話を締めくくる。

スルーされる人

出発点に戻らず話を締めくくる。

まとめ方のコツ

④

「次の機会を楽しみに」させる

偶然の出会いであっても
ご縁を大切にする気持ちをもつ。

「また、ぜひ、会いたい」と思われる人は、必ず、次のチャンスがあることをアピールして話を締めくくっています。

テレビはその手法の宝庫です。連続ドラマでは、必ず、「いいところの寸前」でその回をあえて終わらせていることにお気づきですか。

「ええっ、この先はどうなるの?」「ここで終わっちゃうのってひどくない?」

そう思っているに違いない視聴者の気持ちに応えて、次の週のハイライトシーンをちょろっと流す。こうなれば、視聴者は「次の回は見逃せないぞ」という気持ちになるわけです。

前章で紹介したザイガニック効果を思い出してください。「未完成な情報」や「途中で中断された情報」はその先が気になるがゆえに記憶に残りやすく、反対に「完結している情報」は忘れやすい、という人間の性質のことでしたね。これは話の締めくくりにも有効です。

たとえば、あなたの友人が切り出した話の途中で急に「……やっぱり、これ以上話すのはやめておこう」といったとします。するとあなたは、その先が無性に知りたくなるはず。

友人と別れたあとも、そのことが頭にこびりついて離れないかもしれません。

長く続いている取引先とばかり付き合っているのでは、ビジネスの発展は期待できません。そこで新規開拓となるわけですが、新規開拓ではあたって砕けろ。でも、次回のアポを取り付けられることは10に1つあればいいくらいかもしれません。

もう二度と会うことはないだろうな。100％、そう思われる相手にでも、「また、寄せていただきます」とか「次回は必ず、御社のご希望に沿ったご提案をお持ちいたします」などと、なんとなく**〝次回〟を匂わせるとよい**のです。

日本語には「ご縁」という素敵な言葉があります。

「袖摺り合うも他生の縁」

通りすがりに袖が触れ合うというような、偶然でほんのささやかな出会いであっても、それは前世からの深い縁で起こる、という仏教の考え方から来ている言葉です。

電車で隣り合わせに座ることも他生の縁なら、飛び込み営業で出会った相手も他生の縁。ふとした出会いもスルーしないという考え方です。そう考えると、今回は話を十分聞いてもらえなかったとしても、こうして出会い、ほんの数分でも話をする機会が持てたなら、そこには「縁」があったと考えられるでしょう。
「また、寄らせていただきます」とか「次回は必ず、御社のご希望に沿ったご提案をお持ちいたします」などと〝次回〟を匂わせるのが有効なのは、その「縁」をたがいに感じるからではないか。そう、私は思っています。

「今度」を匂わせたら、それがその場しのぎの口先だけではなかったことを示すのが大事。
本当に「また、寄ってみる」、本当に「改善案を持って、再訪する」。それがあって、初めて、「また、会いたい人」から「また、会ってよかった人」へとステップアップするのです。

スルーされない人

「また」「今度」と次を期待させる。

スルーされる人

一話完結で余韻がない。

まとめ方のコツ ⑤

最後を「笑い」で締めくくる

笑いで話し手、聞き手の心はひとつにまとまり、本来の目的は果たせなくても新たな関係性が生まれます。

フィニッシュはどんな場合もポジティブに。

これは、コミュニケーションはもちろん、人間関係の大原則。どんな場合も、ネガティブで終わってはいけないと心に刻み込んでおきましょう。

「ある事実を報告する」ような場合も、その事実のポジティブな側面で締めくくることが定石。たとえ、別れ話でもポジティブにフィニッシュする。それができて、初めて一人前の大人のコミュニケーションといえます。

最後を「笑い」で締めくくれたら、なんといってもそれが最高のクロージングです。

笑いは人が幸せである証拠。もっといえば、笑いは人が人間らしくある証拠。人生、それはいろいろあります。つらいこと、悲しいこと、腹が立つこと。

でも、どんなときも「笑って締めくくる」ことができれば、少なくともその日は幸せ、ちょっと乱暴にいえば、「人生、笑っていればたいていのことは何とかなる」ものです。

人は何のために相手に何かを「伝えよう」とするのか。コミュニケーションは相手に新しい情報をもたらし、それによって便利になったり、お金が儲かったり、楽しくなったりする。つまり、相手を幸せにしてあげることでしょう。

人が最高にうれしいことは、人を喜ばせたり、幸せにすることなのです。だから、誰に、どんなことを「伝える」場合でも、最後は笑い。笑いは絶対にスルーされません。

とはいっても、笑いで締めくくることはそんなにたやすいことではありません。でもひとつだけ誰にでもできるコツがあります。

そのコツを私は20代前半、NHKの楽屋で今の円楽師匠の師匠（馬づらの方です）五代目円楽師匠から、直接うかがいました。そのとき円楽師匠がおっしゃったのは、「いいかい、笑いとは落差なんだよ」ということでした。桂枝雀師匠は、それを「緊張と緩和」と表現していますが、同じことです。

「笑いは不安や緊張が緩和されて、ほっと安心したときの落差によって起きる」のです。

枝雀師匠は赤ちゃんをあやす「いないいないばあ」に例えています。「いないいない」のところで赤ちゃんは顔が見えなくて緊張する。そして「ばあ」のところで顔が現れて安心して笑う、というわけです。

つまり、いったん上げておいて（緊張させて）落とす（安心させる）、という構造になっています。これは先に紹介した「?→!」という構造に通じます。

『馬のす』という落語はその典型的な例です。

ある釣り好きの男が、釣りをしようと道具を取り出したのですが糸が切れています。そこで馬の尻尾の毛を抜いて釣り糸にしようとするのですが、それを目撃した友だちに「おい、馬の尻尾を抜くなんて、とんでもないことをするな」といさめられます。

「尻尾を抜くと、どうなるんだ?」と不安がる釣り好きの男に「どうなるどころか、とんでもないことだ」と友人。釣り好きの男は祟りでもあるのかと心配になり、聞き出そうとします。

すると、友だちは「酒をおごってくれるなら話してやろう」といい、酒をさんざん飲んだあとで一言。「そんならいおう。いいか、馬の尻尾を抜くとな……、馬が痛がるんだ」。

さんざん、緊張を高めたあとで、「なあーんだ、うまいことといってタダ酒を飲んだのか」

と緩和させることで笑いが起きます。その落差が大きければ大きいほど、笑えるのだと五代目円楽師匠は教えてくれました。

落語の締めくくりを「オチ」といいますが、まさに落とすのです。『馬のす』のように、ふだんよくあるような話の流れからストン！　と落とすにはプロの落語家なみの腕が必要でしょう。誰にでも簡単にできるのは「最後に自分を落とすこと」。

海外旅行に行って楽しかった、という話をするときも、それだけではただの土産話。だから、最後に「楽しかったけど、円安が進んで思いのほか出費がかさんで。しばらく夕食はカップめんになりそう」なんて一言を加えて自分を落とすのです。

三ツ星のフレンチレストランで食事をしたら、「美味しかったけど、帰ったらなんだか無性にお茶漬けで締めたくなって。やっぱりコテコテの日本人なんだよね」などと、自分をちょっと落とす。それだけで相手は笑顔になってくれるはずです。

どんなコミュニケーションでも最後は笑顔。その場が笑い声で満たされれば最高です。

その笑いで話し手、聞き手の心はひとつにまとまり、かりに本来の目的は果たせなかったような場合でも、話し手と聞き手の間には新たな関係性が生まれているはず。新しい世界は、その人間関係から開かれていくものです。

「笑いは人類の財産である」　フランソワ・ラブレー

私はここに「コミュニケーションも人類の財産です」と付け加えたいと思います。

スルーされない人

自分を落とすことで「笑い」で締めている。

スルーされる人

話に「オチ」がないから消化不良。

第5章

明日から使える“伝え型”

同じことを伝えるにしても、心を〝つかんで〟離さない人とそうでない人では大きな落差が生まれます。その差をもたらす大きな要因のひとつが話の材料（ネタ）の並べ方。

寿司屋のカウンターで「おまかせ」と頼んだとき、どんな順番で握ってくれるかで寿司職人のセンスがわかるように、**どんな順番でストーリーを構成するかで話の面白さは天と地ほど変わる**といっても過言ではありません。

では、どう構成すればよいのか、そこで迷う人も少なくないはずです。

しかしご安心ください。

人の心をとらえる話には、伝える目的によっていくつかの「型」があるのです。

いわば「伝え型」。それは伝え方の黄金ルールともいえるもの。

この基本型をマスターすれば誰でもスルーされることなく、最後まで熱心に聞いてもらえる話ができるようになります。

スルーされない伝え型 ①

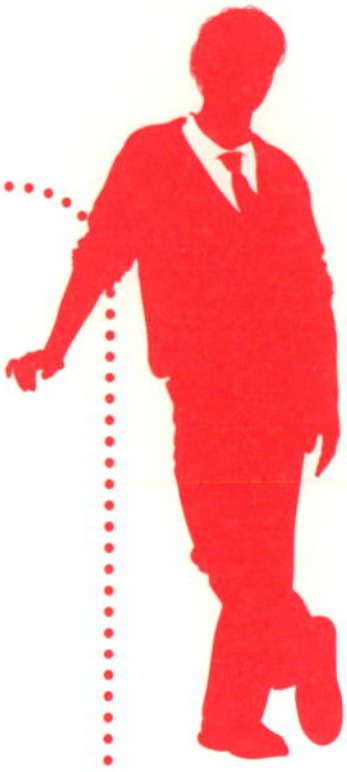

共感してもらえる型

体験・出来事⇩感想・印象⇩視点・分析

テレビのトーク番組を見ていると、共感してもらえるトークには、ある型があることがわかります。

その型とは……

体験・出来事

↓

感想・印象

↓

視点・分析

というものです。「レトリック」の項目で紹介した松本人志さんの言葉でいえば……

「きのう、街でコブクロの黒田さんを見た」という「体験・出来事」だけでは、「だからどうした」となります。そこで「やはり大きかった」と「感想・印象」を加えれば一応、話としてまとまります。でも、さらに「あれ以上、大きくなったら高山病になるんじゃないですかね」という独自の「視点・分析」を加えることで、トークはぐっと面白くなるのです。

トークが心に残る人は、この「伝え型」を使っていることがわかります。

「このまえ、こんなことがあった」→「もうびっくりして椅子から転げ落ちそうになった」→「よく考えたら、あれってなになにだったのだろうか」のような型です。

この「体験・出来事」→「感想・印象」→「視点・分析」の型は、雑談はもちろん、フェイスブックの書き込みなどにも効果的です。ただ「どこそこに行った。なになにだった」で終わらせるのではなく、**そこにあなたなりの「視点・分析」を入れると「いいね！」は倍増します。**

たとえば「知る人ぞ知る有名店でステーキを食べた、美味しかった」という「体験・出来事→感想・印象」ではシラケてスルーされるだけ。そこに「美味しさの秘密は７日間、低温で熟成させたことらしい。寝かせるとよくなるのは肉もワインも徹夜続きのＡＤも同じ」などと、自分なりの「視点・分析」を加えると、心に残るものに変わるのです。

余談ですがフェイスブックの投稿にもっと反応してもらいたいときのテクニックがアメリカの「Social Media Today」というサイトの記事（２０１３年2月10日公開記事）にあったので、

紹介します。

- ・週末、もしくは月、火曜に投稿する（水曜日は「最悪」だとか）
- ・1日あたり1～2回投稿するほうが3回以上投稿するユーザーよりも高反応
- ・投稿内容は、「短く」、「シンプル」、「明確」に。長文は敬遠される
- ・写真を一緒に投稿する
- ・文章の「最後」を質問形式にして問いかけるとコメントが増える
- ・絵文字を使う（ただし、業種や本人のキャラクターを考えたうえで）

こうしたテクニックを利用してフェイスブックでのスルーを防ぎましょう。

スルーされない人

独自の視点が入っている。

スルーされる人

その人らしさがゼロ。

スルーされない伝え型

②

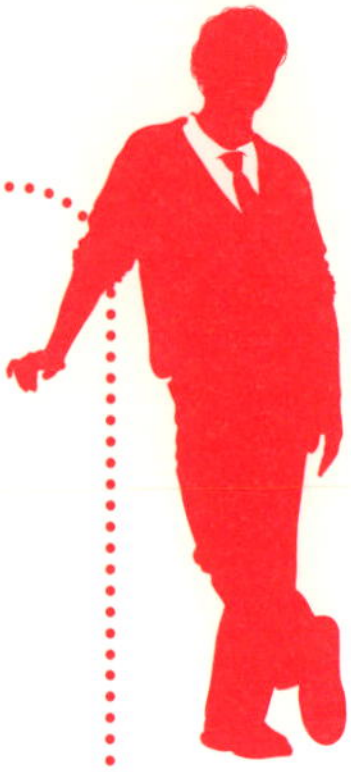

謝って許してもらう型

事実&謝罪 ⇩ 想像 ⇩ 過去 ⇩ 現在 ⇩ 未来

上司や先輩に失礼があった場合、あるいは仕事でミスしてしまった場合には、できるだけ早く電話かメールで謝罪すべき。

謝罪の気持ちを「伝える」基本は「すみやかに」「率直に」詫びること。より誠意が届く「伝え型」はこの流れです。

事実&謝罪 → **想像** → **過去** → **現在** → **未来**

まず「事実&謝罪」、何について詫びるのかを明確にします。

「きのうは酔っていたとはいえ、失礼なことを申し上げすみませんでした」
「送付した製品に不良品があったとのこと、大変申し訳ありませんでした」

などです。

次に「想像」、これは相手の気持ちを想像してみることです。

「××さんがご立腹なのはよくわかります」

「××様にしてみれば信頼を裏切られたとの思いでしょう」

など相手の心情をおもんぱかるのです。まさにこれがポイント！

相手の気持ちを想像し、傷ついた心に対して謝るという姿勢がないと、

「とにかく謝って、自分の気持ちを楽にしたい」

「償うからいいだろう」

といった、自分勝手な謝罪になりがち。こんな謝罪は相手に伝わらずスルーされるだけでなく、火に油を注ぐ結果となってしまいます。


そのうえで、何が原因だったのか、「過去」を振り返ります。

ここで気をつけたいのはあれこれ言い訳を並べ立てないこと。事実を正直に伝えましょう。仕事上のミスなら「調査の結果、入力ミスと判明しました」などと原因を述べます。


有名人の謝罪会見でも、謝罪会見とは名ばかりで、言い訳をしたり、誰かを非難したり、

反論したりするケースがよくありますが、これではさらなるしっぺ返しをくらいます。自分に非があるならば、率直に謝ることが最良の策なのです。

それを受けて、「現在」どんな対応をしているのかを述べ、「未来（今後）」、二度と同じ過ちを繰り返さないよう誓います。

謝らなければならないミスをおかしたのは自分の責任です。そのピンチをチャンスに変えるためにも、深く謝罪してケリをつけましょう。

その後、「次はこうしよう」と前向きな気持ちでリスタートを切ることが肝心です。

スルーされない人

素直に、潔く謝る。

スルーされる人

弁解や他人への責任転嫁が目立つ。

スルーされない伝え型

③

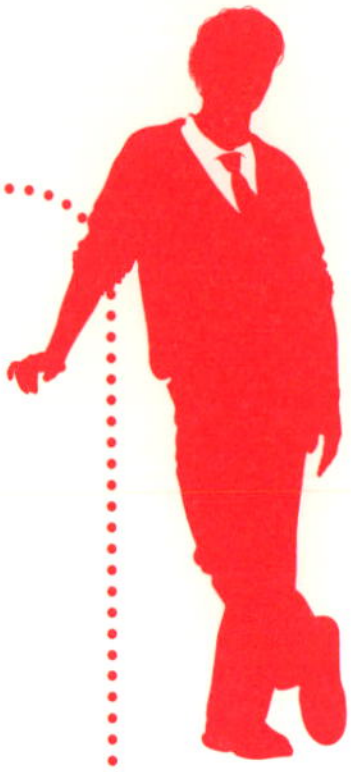

時系列を超えたストーリーの型

現在⇩過去⇩未来

ストーリーを伝えようとするとき、よくやる方法が、起こったことの時間経過を追いながら話していく、「時系列」構成です。

過去

↓

現在

↓

未来

と「順列」で並べる方法は、最もシンプルなストーリー構成で、迷いや混乱もなく、聞き手もついていきやすい流れです。

テレビ番組で人物伝を放送するときなども、「龍馬は、天保6年（1835年）に坂本八平と幸の次男として高知城下に誕生した。曽祖父の代に豪商の坂本家は……」と始めてしまいがちです。

ただ龍馬ほどのスターが主人公だとしても、これではスルーされやすく、あまり視聴率は取れないでしょう。「時系列にとらわれず」ならば、まず、いま、まさに近江屋で刺客に襲われている「現在」から入る。次に、龍馬のここまでの歩み「過去」を振り返り、再び、31年間の生涯を閉じることになる近江屋での暗殺場面に戻る、という並べ方はどうでしょう。

こうすると、話の展開に〝波乱に満ちた人生〟を想起させる動きが生まれ、視聴者の目をくぎ付けにしてしまう構成になるのです。


1997年に公開され、映画史上、最高の興行収入をあげた『タイタニック』の感動をいまも記憶に刻みつけている人は少なくないでしょう（興行収入記録はその後、『アバター』に抜かれています。ちなみに、どちらも監督はジェームズ・キャメロン）。映画『タイタニック』は実際に起こった事故を元にしたものです。

1912年、イギリスーアメリカ間に就航した「タイタニック号」は二重の船底、16に区分された構造などから不沈船と喧伝された豪華客船です。ところが処女航海で氷山に激突。あえなく沈んでしまったのです。犠牲者数は乗客乗員合わせて約1500人にのぼり、当時、世界最悪の海難事故でした。

この事故の映画化にあたり、キャメロン監督は、事故から84年後の1996年（映画制作年の前年、つまり現在）の動きを冒頭に持ってきています。冒頭は小型潜水艇の映像。タイタニック号とともに沈んだ最高峰のダイヤモンドを探索しているのです。

やがて海底に沈むタイタニック号の客室で金庫を発見。しかし、入っていたのはダイヤではなく、古ぼけた紙切れ。紙切れに描かれていたのは若い女性像。カメラはタイタニックの奇跡的な生存者で、現在、１００歳を超える老婦人へと移り、さらにそこから、その婦人の若き日の姿、タイタニック船上で経験した切ない恋のストーリーへと発展していく……。

まさしく、時系列を完全に覆す構成で、世界中の人の心をわし〝づかみ〟にしてしまったのです。

ほかにも『スタンド・バイ・ミー』や『バック・トゥ・ザ・フューチャー』など、ヒット作品には〝時系列ひっくり返しパターン〟が少なくありません。これは……

現在
↓
過去
↓
未来

と時系列を超越したパターン。このパターンを、私は「迷い道の法則」と呼んでいます。

渡辺真知子さんの1977年のヒット曲『迷い道』が、「♪現在、過去、未来〜」と始まることに由来しています。この歌自身は失恋の思いを振り切って、生きていこうという気持ちを歌ったもので、時系列とは関係ありません。

でも、「♪現在、過去、未来〜」という歌いだしのフレーズが妙に心に響きます。この流れで話すと「時系列」よりもぐっと聞き手の心に残り、スルーはなくなるのです。

自己紹介など、

「えー、私は○○年にどこどこで生まれ……」

と始めがちですが、

「ほら、ここに傷痕がありますよね」

といって腕の傷を見せ、

「これ、子供のころ、本家の屋根に登って落ちたときの名誉の負傷なんです」

と話を続け、生まれ故郷の話に遡《さかのぼ》る。

そして、そこからこれまでの話を終えたら、

「今日の出会いをどんなふうに実らせたいか」

など、この先に向けた話で締めくくる。

「迷い道の法則」の定型に従えば、ありきたりの自己紹介から抜け出し、聞き手は引き込まれるように話を聞いてくれるはずです。

スルーされない人

時系列にこだわらない。

スルーされる人

時系列に縛られている。

スルーされない伝え型

④

伝えたいテーマに フォーカスさせる型

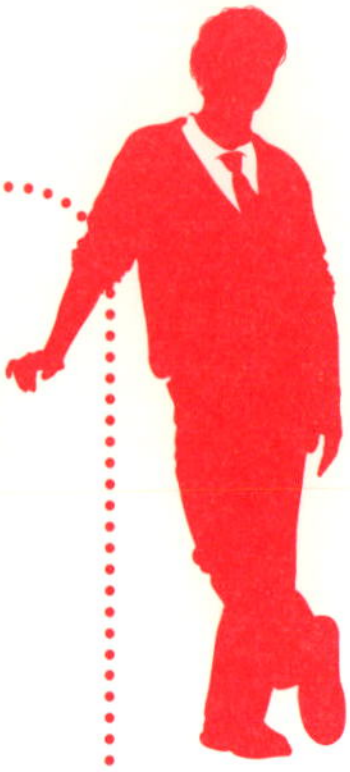

大状況
⇩
中状況
⇩
小状況

テレビのドキュメンタリーの映像を思い浮かべてみてください。

たとえば過疎化・高齢化が進展していく中で、共同生活の維持が難しくなっている「限界集落」をテーマにしたドキュメント。その映像はまず、集落全体を俯瞰できるような広い映像からスタートします。

その後、高齢者が暮らす一軒の家屋を映したあとで、その中に暮らす老夫婦の暮らしぶりを紹介するはずです。

つまり「××県××村」という〝全景＝大状況〟を映し出し、それから「山間の一軒家」という〝近景＝中状況〟に移り、最後に登場人物である「××さん夫婦」という〝核心＝小状況〟へと絞り込んでいく手法です。


映像に限らず話や文章でも、この構造をとると受け手の関心が徐々に絞り込まれるために、伝えたいことが伝わりやすくなります。

「孤独死」を扱う番組であれば、「日本全体の超高齢化（全景＝大状況）」をうたい、その中で「ひとり暮らしの老人が増えている（近景＝中状況）」を紹介して、その中には「孤独死をする人も多い（核心＝小状況）」と誘うことでテーマにフォーカスしてもらえます。

大状況
↓
中状況
↓
小状況

この流れは、「多くの人が関心を寄せる状況」から、よりピンポイントなテーマに移行するときに有効な手法。

あまり周知の事実ではないテーマを伝えたいときにも、多くの人に共感してもらえる大状況から、あなたが伝えたいテーマにフォーカスしてもらいたいときに使えます。

たとえばブログに子供のサッカー大会のレポートを掲載するときも、
「いよいよサッカーワールドカップ開幕ですね」
という「大状況」から入って、

「わが家では徹夜で観戦しました」

という「中状況」に移る。そして、

「徹夜明けのまま出かけた長男のサッカー大会、なんと居眠りして長男のゴールシーンを見逃した！」

などとフォーカスしていけば、「他人の子供のサッカー大会になんて興味がない」と、普通ならスルーしてしまう読者をも自然に引き込むことができます。

スルーされない人

全体から核心へと話を進めている。

スルーされる人

全体像がわからない話し方をしている。

スルーされない伝え型
⑤

王道の伝え型

起……承……転……結

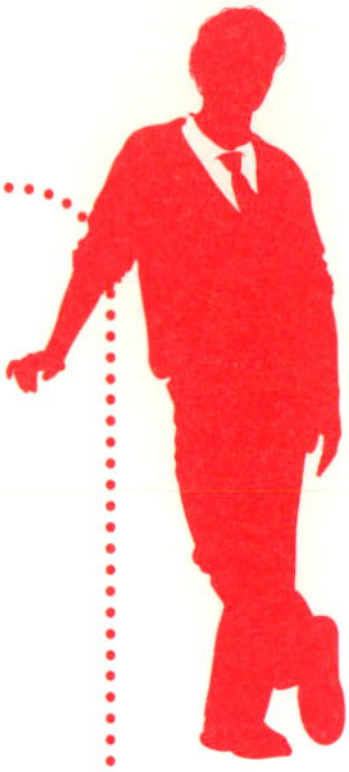

『世界ふしぎ発見！』が30年近く続いていることは前にも述べました。初回放送は1986年4月19日。これほど長く続いているのは、『世界ふしぎ発見！』が視聴者の心を〝つかみ続けている〟からに違いありません。

その大きな理由は、毎回、ミステリーの舞台になる場所やテーマに豊かなストーリー性を盛り込んでいるからでしょう。

『世界ふしぎ発見！』は歴史のミステリーを探す番組だと前に述べましたが、**その歴史の謎を探す行程を、ストーリー性を際立てながらたっぷりと見せている**のです。

ストーリー性のある話の構成というと、誰でも頭に浮かべるのが「起承転結」でしょう。「起承転結」は絶句と称される漢詩の1つの定型に端を発する言葉です。

絶句では、一行目から起句、承句、転句、結句と「伝える内容」を表現する。それがスルーされにくくいちばん様《さま》になる伝え方だとされてきたからです。各段階で何を語るかというと、

◆起句＝物語の導入部、物語のきっかけとなる事象が発生する
◆承句＝「起」で発生した事象が推移していく
◆転句＝「承」の流れとは一転した事態となる物語の核をなす
◆結句＝「起」で始まった物語が終結を迎える、ストーリーのまとめとなる

一例として、２０１３年5月11日に放送された「最新ダ・ヴィンチ・ミステリー　モナ・リザは２人いる」をご紹介しましょう。

起承転結

フランス・ルーヴル美術館にある人類の至宝といわれる「モナ・リザ」。作者はルネサンス期の万能の天才・レオナルド・ダ・ヴィンチ。

「モナ・リザ」が世界の人々を引きつけてやまないのは、絵の美しさもさることながら、この絵に解かれざる謎がいくつも秘められているからだといわれている。

モデルは誰なのか。微笑みは何を意味しているのか。なぜ、ダ・ヴィンチは生涯、この絵を手放さなかったのか。「モナ・リザ」が描かれて５００年。これらの謎はいまだにはっきり答えが出ていない。

ところが２０１２年９月、その謎を解くカギになる１枚の絵がスイスで公開された。そこに描かれているのは、モナ・リザと同じポーズをとる若き貴婦人。なんともう１枚の「モナ・リザ」がスイスに眠っていたのだ。

そう、モナ・リザは２枚あった。なぜダ・ヴィンチは２枚のモナ・リザを描いたのか?

「起」は物語の導入部、物語のきっかけとなる事象が発生するパート。

この例でいえば、誰もが世界に１枚しかないと信じている「モナ・リザ」が２枚あった、という大事件が「物語のきっかけとなる事象」にあたります。この「起」を受けてストーリーは進んでいきます。

起承転結

若きモナ・リザの絵は1913年に英国貴族の館で発見され、ロンドンのアイルワースで保管されていたことから、「アイルワースのモナ・リザ」と呼ばれており、スイスの「モナ・リザ財団」が保管にあたっている。この絵がダ・ヴィンチ本人の作品であることは、厳正な鑑定により確認されている。

取材を進めていくと、「アイルワースのモナ・リザ」はフィレンツェの絹商人の妻、リザ・ゲラルディーニの像であるとわかる。モデルになった当時、リザ夫人は24歳。出産を終えたばかりだった。

実は「モナ・リザ」について当時、記された記録とルーヴルの「モナ・リザ」とは異なる点がいくつもあり、これまで謎を呼んでいたが、当時の記録が「アイルワースのモナ・リザ」のことだとしたら、謎は解けるのだ!

「承」では「起」で発生した事象が推移していきます。ここでは新たに見つかったもう1

枚のモナ・リザを検証しています。その結果、モナ・リザについていわれていたさまざまな謎（たとえば、記録には「当時24歳のリザ婦人を描いた」とあるが、ルーヴルのモナ・リザはもっと歳をとっている）が解けてくるという展開になっています。

起承転結

いっぽう、「ルーヴルのモナ・リザ」に描かれた女性はどう見ても30～40代の女性。

ではこの絵のモデルは誰なのか？

ミステリーハンターはこの謎を解明しようと、ダ・ヴィンチの生まれ故郷へ。生まれ故郷はフィレンツェから西に25キロほど行った、その名もヴィンチ村という場所。そこで思いがけない真実が浮き彫りになってきた。

ダ・ヴィンチの父は村の名家に生まれ、弁護士や司法書士のような仕事をしていたのだが、ダ・ヴィンチを生んだ母は農家の娘。２人の結婚は許されず、出産後、ダ・ヴィンチは父に引き取られ、母は別の家に嫁いでいくことになった。

こうした出生の秘密から、ダ・ヴィンチは心の奥底でいつも生みの母の面影を追っていた。もしかしたら、ルーヴルのモナ・リザは、母親を描いたものなのか？

「転」は「承」の流れとは一転した事態となる物語の核。この例では「承」でもう1枚のモナ・リザの謎が解けたとき、新たに浮上する謎、「では私たちが知っているルーヴルのモナ・リザは、いったい何なんだ？」という大きな謎に話が転じています。

起承転結

「ルーヴルのモナ・リザ」の背景に描かれているのは、生まれ故郷のヴィンチ村の光景に違いない。「ルーヴルのモナ・リザ」は信じられないほどの精緻な技巧をこらし、長い時間をかけて描かれ続け、それでも未完成のまま、終生、ダ・ヴィンチの手元にあったこともわかっている。

おそらく、ダ・ヴィンチは、母になったばかりのリザ夫人像を描いたことから、生みの母を思う気持ちが抑えきれないものとなり、リザ夫人と同じ構図で生みの母を描いた。しかも理想の母親像を描き出そうという思いが深く、描いても描いても完成しなかった……。ダ・ヴィンチは生涯をかけて理想の母性を描こうとしたのではないだろうか。

「結」は「起」で始まった物語が終結を迎える、ストーリーのまとめ。この例でいえば「なぜダ・ヴィンチは2枚のモナ・リザを描いたのか?」という謎の答えをまとめています。

「起承転結」はまさにストーリー作りの王道。ブログなどで体験をストーリー仕立てで書くときも、この流れを参考に組み立てると、ドラマティックなものになります。

スルーされない人
ストーリー作りの王道を知っている。

スルーされる人
ストーリー作りの基本を知らない。

スルーされない伝え型

⑥

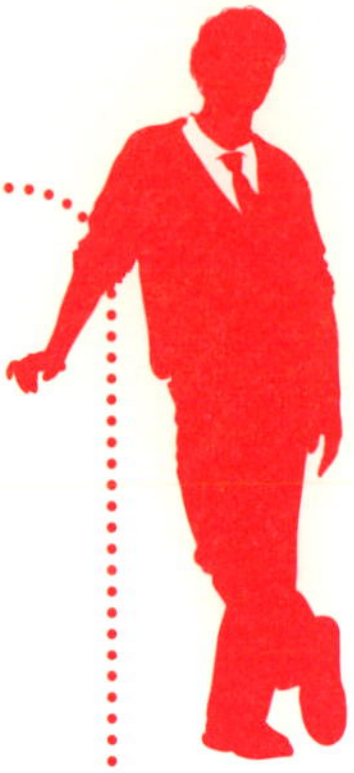

説明・説得する話の型

事実の報告⇩問題提起⇩解答（結論）⇩説明（調査）

論理がつながっていない、あるいは論理に飛躍があると受け手は混乱するばかり。その結果、「何が言いたいのか、わからない」とスルーされているケースもあります。

論理的に話を組み立てろ、といわれると、突然、ハードルが高くなったと感じる人もいるかもしれません。**しかし、テレビのあるジャンルの番組を参考にすれば、誰でも論理的な話の組み立てができるようになります。そのジャンルこそが「クイズ」。クイズの構造を見てみると……**

事実の報告
↓
問題提起
↓
解答（結論）
↓
説明（調査）

……という型になっていることがわかります。

『世界ふしぎ発見！』でニュージーランドの南、亜南極海に浮かぶ、スネアーズペンギンが暮らす島をテーマにした回（2013年2月9日放送）のクイズを例に引きながら、その型についてご紹介しましょう。

◆レポーターの出題

レポーター「クエスチョンは、ペンギンに隠された意外な行動からです。ペンギンは、海水を直接飲むことがあります。そして塩分をある方法によって、体の外に排出しています。その方法とはどんなことでしょうか?」

◆正解VTR

レポーター「正解をペンギン博士、○○さんに聞いてみました」

博　士「海から上がるペンギンをよく見てください。ほら、みんな首をぶるぶると振っています」

レポーター「本当だ!　というわけで正解は〝首を振る〟でした!」

博　士「ペンギンの目の上あたりには塩類腺という器官があります。海中で取り込んでしまった塩分はこの塩類腺で濾《こ》され、濃縮された塩水となって鼻の穴から排出されるんです。人間のように鼻をかむわけにはいきませんから、首を振ることで塩分たっぷりの鼻水を体の外へ出しているわけです」

レポーター「たしかにペンギンってよく首を振っていますね！」

このやりとりを先ほどのパターンに当てはめると……、

- **ペンギンは海水を飲むので体に塩分が入る（事実の報告）**
- **たまった塩分を外へ出すためにする行動とは何か？（問題提起）**
- **海から上がったときに首を振る（解答）**
- **首を振って塩類腺から塩水を排出している（説明）**

この出題形式は『世界ふしぎ発見！』のスタートからさまざまな形を試しては改良し、この形式にたどり着いたもので、**視聴者の興味を引きながら、わかりやすく&説得力をもって説明するための黄金律です。**

何かを説明したり、提案する場合、わかりやすいプレゼンなどでは、ほとんどこの型に従っており、さらに文章が論理的に構成されていることに気づくでしょう。

たとえば……

・**顧客からのクレームが増えている（事実の報告）**
・**クレームを減らすにはどうしたらよいか（問題提起）**
・**社員教育をもっと充実させよう（解答・結論）**
・**実際に教育をしてクレームが激減したA社の例（説明・調査）**

テレビショッピングなどでもこの流れに沿っています。

たとえば『情報プレゼンター・とくダネ！』の生コマーシャルもそうです。

・**紫外線の強い季節がやってきた（事実の報告）**
・**お肌を守るにはどうしたらよいでしょう（問題提起）**
・**この「UVケア・ホワイト××」を試そう（解答・結論）**
・**これには紫外線を99％カットする効果がある（説明・調査）**

……といった流れです。

実際に当てはめながら何かを読んでみると「なるほど！」と理解できるので、よくできたわかりやすい企画書などと比べてみてください。

企画書なども、この構造をふまえると非常にわかりやすく論理的になり、説得力が増すので、私は企画書を書くときはいつもこの型を活用しています。

ほかにも、この形式は論文・解説文・報告書・批評・ブログの文章など、幅広い範囲に活用できます。

スルーされない人

説得力を増すため、「説明・説得」の型を使う。

スルーされる人

「説明・説得」の型を知らない。活用もしていない。

スルーされない伝え型
⑦

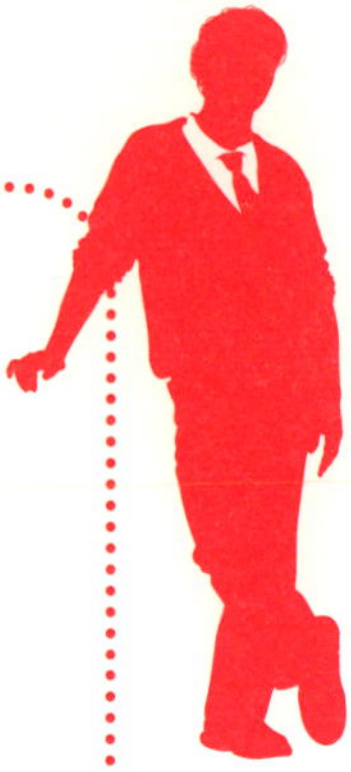

ナナヘソナスの法則

事実の報告⇩問題提起⇩解答（結論）⇩説明（調査）

事実の報告
↓
問題提起
↓
解答（結論）
↓
説明（調査）

右に記した型を踏襲して、冒頭で「事実の報告」をしても、それが、視聴者に関心のない出来事ならば、興味を持ってもらえず、あえなくスルー。

「興味深く伝える」「面白く伝える」ことを主眼にする場合は、「送り手」の視点で展開していくのではなく、「受け手」からの視点で展開する方法に切り替えましょう。

つまり「事実の報告」の部分を、受け手が「関心を持つ事実」に置き換えるのです。

「問題提起」は、「疑問を抱く」ことになり、「説明（調査）」は「納得していく過程」、「解答（結論）」は「カタルシス＝納得」に置き換えられるでしょう。

このパターンを私は「ナナヘソナスの法則」と名付けて、企画書や構成原稿を書くときはもちろん、企画会議でのプレゼンなどにも大いに活用しています。

「ナナヘソナスの法則」とは、

なに⁉

↓

なぜ？

↓

へぇ！　そう！　なるほど！

↓

すっきり‼

「事実の報告→問題提起→解答（結論）→説明（調査）」を受け手の気持ちに置き換えると「なに⁉」「なぜ？」「へぇ！　そう！　なるほど！」「すっきり‼」となる。その頭文字を並べると「ナナヘソナス」となります。

たとえば、前出の『世界ふしぎ発見！』の「モナ・リザは2人いる！」の回のVTR台本はこんな構成になっています。

1・名画、モナ・リザは2枚あった⁉（なに⁉）

2・ダ・ヴィンチはなぜ2枚描いたのか？（なぜ？）
3・見つかった新たな1枚はたしかに本物！（へぇ！）
それも実在の人物を描いた肖像画！（そう！）
2枚ある絵の謎を解いていくとこんなことがわかってきた！（なるほど！）
4・ルーヴルのモナ・リザは永遠の母親像だった！（すっきり!!）

ビジネスシーンなどでも、この「ナナヘソナスの法則」を頭において話を構成し、進めてみてください。「キミ、話がうまいねえ」と一目おかれる存在になるでしょう。

スルーされない人
話を受け手の視点で展開している。

スルーされる人
話を送り手（自分）の視点で展開している。

COLUMN

人を感動させるストーリーの定石は「神話の法則」

2010年、日本の小惑星探査機「はやぶさ」が7年の旅を終え、小惑星「イトカワ」から微粒子を採集して、地球に帰還しました。このニュースは日本だけでなく、世界中を興奮させ、感動を呼んだものです。

私はある情報番組で、このニュースを伝えるVTRのナレーション台本を書いたのですが、VTRが流れると、スタジオにいる多数の出演者がほぼ全員、涙を流したのです。「機械の話なのになぜ感情移入しちゃうんだろう」といった人もありました。

私は……実は、当然だと思っていました。なぜなら、この「はやぶさ」のエピソードには、太古から人を引きつけてやまない、法則が働いていることを知っていたからです。

『世界ふしぎ発見！』で、アンデスの古代文明を舞台にした回を担当したことがありました。

各地に遺跡が点在するアンデス文明は地域同士の交流はなかったといわれます。それなのに、各地に、「旅に出た少年がジャガーから火を盗んで持ち帰った」という同じような神話が伝えられているのです。

ギリシャ神話にも「プロメテウスが、太陽神の火を盗んできて人間に与えた」という話があります。オーストラリアの原住民・アボリジニにも、同じような神話が語り継がれています。

なぜ、同じような話が世界各地で語り継がれているのか？

アメリカの神話学者、ジョゼフ・キャンベルは『千の顔をもつ英雄』（人文書院）でその謎を解き明かしています。

キャンベルによれば、「物理や化学など自然界の原則があるように、神話にも原則がある。だから、世界中で語り継がれてきたあらゆる神話に共通原則がある」というのです。

その共通原則について、キャンベルは別の本で次のように語っています。

「神話の主人公（ヒーロー）は、彼が住む社会に欠けている大事なものを感じ取る。↓その大事なものを取ってくるために、ヒーローは冒険の旅に出かける。↓その旅そのもの、あるいは冒険の旅の末に大事なものを持ち帰ってくる。

この一連のストーリーほど人をエキサイトさせ、引きつけるものはない。だからこうしたストーリーの話が古代からえんえんと語り伝えられ、神話となっていく」というものです（『神話の力』ジョーゼフ・キャンベル、ビル・モイヤーズ／早川書房）。

20世紀フォックス社のストーリー担当役員だったクリストファー・ボグラーが、2000年に発表した脚本術、その名も『神話の法則』（ストーリーアーツ&サイエンス研究所）は、キャンベルの分析をもとに、ストーリーや脚本づくりに役立つようアレンジした本です。『スター・ウォーズ新たなる希望』に当てはめながら『神話の法則』を具体的にご紹介しましょう。

《第一幕「出立・離別」》

・日常の世界（何かが欠けているルークの平凡な日常）

・冒険への誘い（レイア姫のホログラム・メッセージ）
・冒険への拒絶（オビ＝ワンの誘いへの戸惑い）
・賢者との出会い（酒場でオビ＝ワンのすごさを知る）
・第一関門突破（追っ手から逃れてオルデラン星へ）

《第二幕「試練・通過儀礼」》

・試練・仲間・敵対者（わかってくる仲間や敵のキャラ）
・最も危険な場所への接近（ダース・ベイダーの待つデス・スターへの接近）
・最大の試練（デス・スターのゴミ処理機での絶体絶命）
・報酬（レイア姫の救出成功とデス・スターのデータ入手）

《第三幕「帰還」》

・帰路（ダース・ベイダーの執拗な追跡）
・復活（戦闘中、生死不明となったルークの復活）

・宝を持って帰還（銀河系に平和と秩序をもたらす）

いかがでしょう。『スター・ウォーズ』は「神話の法則」と完全に重なっているではありませんか？　映画好きな人なら、『スター・ウォーズ』以外にも、たくさんのハリウッド映画が、この法則を踏襲していることに気づくでしょう。

それもそのはずで、実はハリウッドでは『スター・ウォーズ』以降、ボグラーのマニュアルに従って、数多くの作品が世に送り出されているのです。そのため、多くの作品にこれが当てはまるというわけです。

いわれてみれば、『千と千尋の神隠し』、『ロード・オブ・ザ・リング』、ヒット映画はどれも同じ構成です。

私が夢中になった『宇宙戦艦ヤマト』も、放射能汚染のために滅亡の危機に瀕した人類を救うために、宇宙の彼方イスカンダル星にある「放射能除去装置 コスモクリーナーD」を受け取りに、宇宙戦艦「ヤマト」が往復29万6000光年の旅に発つというもので、神話の法則どおりの構成になっています。

1986年の第一作発売以来、2013年までに6200万本を売り上げたゲーム『ドラゴンクエスト』もこの「神話の法則」を順守しています。

小惑星探査機「はやぶさ」も、「ここではないどこかへ冒険に行って、大事なモノを持ち帰る」という構造、まさしく「神話の法則」そのままです。機械の話なのに、見る人の涙を誘うほど感動を呼んだのはそのためだったのです。

「神話の法則」の構造は、大事なモノを持って帰ってくるということだけに限定されません。自己発見の旅でもいいし、成長をめざす話でもいい。

「はやぶさ」の例からもわかるように、ヒーローは人でなく、小惑星探査機でも画期的な新製品でも、iPS細胞のような新技術でもいいのです。

いまここにないものを求めて進んでいくというのは学び、自己成長、企業活動など、常に進化をめざす人本来が持つ生き方、目的意識、達成意識に通じます。つまり、あらゆる人の営み、すべてに当てはめることができるのです。

たとえば、部下の結婚式でスピーチを頼まれたと仮定します。そんなときも、「神話の法則」の要素をいくつか組み合わせてスピーチしてみましょう。

「A君は入社当初は決して優秀な社員とはいえませんでした。どこか抜けていて電池を買ってこいというとペンチを買ってきたこともあったくらいです。

――（何かが欠けた平凡な日常）

それが一変したのはB部長から、××の営業プロジェクトスタッフの一員に抜擢されたときからです。

――（冒険への誘い）

最初は失敗続きで、本人自身、やめたいともらしたこともありました。

――（冒険への拒絶）

しかし、そのとき、B部長が「責任はすべて俺が持つ。とにかくドンとぶつかってこい」といって背中を強く押したのです。A君はその一言に勇気づけられ、

――（賢者との出会い）

ついにある日、C社から契約を取ったのです。

――(第一関門突破)

その後も、失敗を繰り返しましたが仲間たちにも支えられて、

――(試練・仲間)

ついに難攻不落のD社から1億円の契約を取り付けるという大仕事もやってのけました。

――(最大の試練、報酬)

そして主任に昇進した彼はいま、F子さんという最大の宝

――(宝を持って帰還)

を手にしたのです」

ストーリー性に満ち、参列者は知らず知らずのうちに引き込まれていき、スピーチが終わると大喝采。新郎である部下はもちろん、ご両親、参列者などの感動はピークに達すること間違いありません。

〝あとがき〟に代えて

～私はこうして「伝え方」を学んできました～

コミュニケーションについてとくに学んだわけでもなく、ましてや心理学や文学などを学んだことがない。そんな私に、「伝え方」について本を書いてみないか、と声をかけてくださったかんき出版さん。本当に心から感謝しています。

そのお話を受けてみよう。そう、決心することができたただ1つの根拠は、私には放送作家という仕事で長年、家族と猫たちを食べさせてきた〝実績〟があることです。

本書でお伝えした「伝え方」のノウハウは実践的で実用的。すぐに役立つもの。それだけは自信があります。

最後の最後に、私がどのようにして「伝え方」を学んできたのかをざっとお話しさせてください。

コラムにも書いたように、私は放送作家になる前、5年ほど、落語家修業をしていました。師匠は現在の六代目・三遊亭円楽（当時は楽太郎）。師匠につけてもらった前座名は三遊亭楽京。〝らっきょう〟と読みます。

入門から2年半後には二つ目に進み、芸人は花（華）がないといけないということから、芸名も花楽京へと変わりました。

二つ目から真打になったら、三遊亭ではなく「桃屋」と亭号を変え「桃屋花楽京」としようと、師匠はひそかにプランを練っていたようです。

しかし、5年ほどのち、私は落語家を廃業しました。

私はどういう落語家で、なぜやめたのか？　そして、その後、どのようにして放送作家になったのか？

落語家時代の私について、当時の弟弟子が書いたエッセイからそのあたりを紹介します。

このエッセイを書いたのは現在、タレントとして活躍する伊集院光氏。このエッセイは彼がタレントになってから出版した『のはなし』（宝島社）に掲載されています。

伊集院氏は、体が大きいことから、当時は「楽大」という前座名でした。私などよりよほど文才もあり、読み物としても面白いので、伊集院氏の許可を得たうえで、引用させていただきます。

＊＊＊

「雪」の話　伊集院　光

東京生まれで東京育ちの僕にとって、積もるほどの大雪はちょっとしたイベントだ。数年に一度クラスの雪が降るとテンションがあがる。

「大雪で首都圏の交通機関がマヒ」なんてことになると居ても立ってもいられない。

わざわざ散歩に出かけたりしていつもとは別世界の街を見ている。手当たり次第にまだ誰も踏んでいない場所を踏んだり、道の真ん中でスピンしている車を見て「すげえ」と思ったりしている。不謹慎だが。

（※ここから記録的大雪の日に自動販売機のエロ本を買いに行って遭難しそうになった10代のころの話に展開しますが、長くなるので中略。ぜひ、伊集院氏の「のはなし」シリーズを買って読んでみてください）

20歳になった頃、また大雪が降った。

その日のことも痛烈に覚えている。

当時、落語家修業をしていた僕には三遊亭花楽京さんという7歳上の兄弟子がいた。

僕の師匠三遊亭楽太郎門下には当時弟子が僕と花楽京兄さんの2人だけで、この人から噺家としてのいろはを教わった。

花楽京さんはちょっと見は落語家には見えず、スタイリッシュで同年代の落語家の中では群を抜いておしゃれだったし、縦社会ということで上下関係を振り回す人も多い中、温厚かつ大人な人であり、20歳だった僕はこの人がいなければいま何をしていたかわからない。

ただ、花楽京さんはこういう「落語家らしくない落語家」であるがために、泥臭い修業的なものには興味を示さない感じで、落語の稽古をしたのを見たことがない。

師匠からも「お前はなんになりたいのだ?」と怒られていた。


そんなある日、花楽京さんに昇進の話が来た。

噺家というのは最初に見習い、数年して前座、さらに数年すると二つ目と位があがっていく。

とくに「前座」から「二つ目」になるということは、かばん持ち、掃除等々の雑事から解放されて一人前になるということを意味している。


そして花楽京さんはこの「二つ目」に昇進することが決まった。

いつもは落語にあまり興味を示さない様子の兄弟子が、僕を呼んでこんなことを言った。

「僕もいよいよ二つ目になる。その1回目の落語会で僕のやりたいことをやるから、手伝ってほしい」

師匠に聞かれても答えなかったこの人のやりたいことって何だろう？

興味津々で話を聞くと「僕は芝居と古典落語を融合させた新ジャンルを作りたいとかねがね思っていたんだ」と兄弟子。

その内容は「死神」という古典落語の合間に照明、効果音を入れ、要所要所の声にエフェクトをかけ、さらにキモのシーンでは集団前衛舞踏を客席で舞わせて演じるというもの。聞いてるだけでわくわくするような出し物だった。

本来なら、体ひとつで、しかも会場は当時円楽師匠の持ち物だった寄席若竹を使うということで、予算なんかたかが知れていた落語会だったが、この出し物には１００万円近くのお金がかかかった。

兄弟子はこのためにためていたお金と借金で、この出し物に賭けると言っていた。日が近づくにして完成度は上がっていったし、正直面白かった。

さて、当日。

雪。大雪。僕がエロ本を買った日の記録を上回る大雪。

まずは寄席の前までの交通機関、都バスが止まり、道路が通行止めになった。

開場2時間前にまさかの地下鉄が止まった。

寄席若竹まで来る交通機関はこの2つ以外ない。

寄席若竹は陸の孤島になった。

前衛舞踏団から「とてもじゃないが行けない」と電話があり、手伝いをするはずの落語家仲間も来られなかった。

結局、寄席には僕と花楽京さん、もう一人仲が良かった三遊亭道楽さんの3人。ヤケ酒でも飲もうかというときにお客さんが1人来た。

雪まみれの女性だった。

花楽京さんはそのお客さんの前で、普通に落語を二席やって、初めての落語会は終わった。

帰り道は更なる大雪だった。少しして、花楽京さんは落語家を廃業した。


これじゃあまりに悲しい終わり方なので、後日談。


花楽京さんはその後売れっ子の放送作家となり、いまでも本名をいろんな番組のスタッフロールで見かける。

そして、あの時のお客さんは彼の奥様となっている。めでたしめでたし。

＊＊＊

タレントさんの文章なので多少「盛っている」部分はありますが概《おおむ》ねこんな感じでした。

このエッセイを紹介することで伝えたかったのは、妻とのなれそめではありません。

お伝えしたかったのは、なぜ私が古典落語に照明や効果音を入れ、集団前衛舞踏を客席で舞わせようとしたのか、ということです。

そこに、落語家をやめた理由があります。

それは「伝える力」に自信がなかったからに他なりません。


ご存知のように、落語は一枚の座布団に乗ってしゃべる伝統的な話芸です。演出として使うことが許されているものは扇子と手ぬぐいだけ。

それなのに効果音を入れたり、前衛舞踏を舞わせるなど落語通にいわせれば言語道断、もはや落語ではありません。

過剰な演出は、伝える力のなさを実感していたがゆえのごまかしというわけです。


あるとき高座を終えて楽屋に戻ると、師匠から「いまのマクラのネタ、ちゃんとやればもっと面白いよ、これと交換してくれないか」という言葉とともに吉野家の牛丼チケット10枚綴りを渡されたことがあります。

およそ3千円分の牛丼チケットと引き換えに差し上げたそのマクラを後日、師匠が話すと、私がしゃべったときと違い、客席は大爆笑です。

私が話したときはさほどウケなかったのに、師匠が組み立て直して話せばウケるのです。


そのときの師匠の噺を聞いた落語評論家の川戸貞吉さんが『月刊落語』という専門誌に「さすが楽太郎、あのマクラは秀逸」という内容の記事を書いたときには、うれしいやら悲しいやら、なんとも複雑な気持ちだったものです。

同時に何を伝えるかよりも、「どう伝えるか」、もののいいようがずっと大事なのだと骨身にしみました。


伊集院光氏のエッセイにもあったように結局、大雪の独演会を経て落語家を廃業しました。

やめるとき、師匠から「おまえは面白いことを考えるのは得意だから書くほうになったらどうか」と勧められたことが放送作家の道に進むきっかけとなりました。

以来、必死にトライ&エラーを繰り返しながら私は放送作家への道を模索し始めました。

こうして悪戦苦闘するうちに、「伝える」には普遍的なルールがいくつも存在することに気がつきました。

それを使ったおかげで、ダメな落語家だった私がプロの放送作家となり、四半世紀もの間、仕事ができ、ついにはこうして本まで出すことができたのです。

この経験から、「何を伝えるか」だけではなく、「どう伝えるか、もののいいよう、組み立て、流れが大事なんだ」ということも思い知らされました。


この本には、放送作家としての30年に加えて、落語家時代に身をもって知った「伝え方」についての悲喜こもごもの経験も込めたつもりです。

いわば、私の「伝える」人生で得たノウハウをすべて盛り込んだ1冊です。読んでくださった方の今日からに少しでも役立てていただければ、本望といいたい気持ちです。


最後になりましたが、本書を執筆するにあたり、ご協力いただいた出版プロデューサーの水野俊哉さん、編集の谷英樹さん、そして菅原佳子さん、大変お世話になりました。
そして、この本を手にとっていただいたあなたに最大の感謝を込めて、本当にありがとうございました。

２０１４年６月

石田章洋

【著者紹介】

石田　章洋（いしだ・あきひろ）

◉——放送作家。日本脚本家連盟員・日本放送作家協会会員。1963年生まれ。岡山県出身。プランナー&ライターズオフィス、株式会社フォーチュンソワーズ代表取締役。日本大学在学中に三遊亭円楽（当時は楽太郎）に弟子入り。落語家になるも数年後、放送作家に転身。以来、30年近くにわたり、各キー局のバラエティ番組・情報番組・クイズ番組・報道番組など、あらゆるジャンルのテレビ番組で企画・構成を担当。手がけた番組の合計視聴率は５万％を超える。最近の主な担当番組は『世界ふしぎ発見！』(TBS系)、『TVチャンピオン』(テレビ東京系)、『情報プレゼンター・とくダネ！』(フジテレビ系)、『BSフジLIVEプライムニュース』など。構成を手がけた「世界ふしぎ発見！～エディ・タウンゼント　青コーナーの履歴書」は第45回コロンバス国際フィルム&ビデオ・フェスティバルで優秀作品賞を受賞するなど番組の企画・構成に関して高い評価を受けている。主な著書に『スーパー速書きメソッド』(マイナビ新書)、『企画は、ひと言。』(日本能率協会マネジメントセンター）など。

◉——同じ内容でも伝え方を変えると視聴率が上がったり、下がったり、あるいは視聴者からの反響に違いが出る、ということをＴＶ業界で長年経験してきた。そして、視聴者にスルーされないコツがあることに気づいた。本書は、著者がＴＶ業界で得たノウハウを日常ですぐに使えるようにアレンジし、スルーされない→自分に自信がもてる→さらにスルーされない、というプラスの循環をひとりでも多くの方に体験してほしい、という思いから執筆に至りまとめたもの。

スルーされない技術《ぎじゅつ》　〈検印廃止〉

2014年７月７日　第１刷発行

著　者——石田　章洋Ⓒ

発行者——齊藤　龍男

発行所——株式会社かんき出版

東京都千代田区麴町4-1-4 西脇ビル　〒102-0083

電話　営業部：03(3262)8011㈹　編集部：03(3262)8012㈹

FAX　03(3234)4421　振替　00100-2-62304

http://www.kanki-pub.co.jp/

印刷所——シナノ書籍印刷株式会社

　ISBN978-4-7612-7012-4 C0030